I0089080

OROPASTE,

OV LE FAVX TONAXARE.

TRAGEDIE.

Claude
PAR Mr BOYER.

A PARIS,
Chez CHARLES DE SERCY, au Palais, au Sixiéme Pilier de la Grand' Salle, vis à vis la Montée de la Cour des Aydes, à la Bonne-Foy couronnée.

M. DC. LXIII.
AVEC PRIVILEGE DV ROY.

A MONSEIGNEVR
MONSEIGNEVR
LE DVC
D'ESPERNON

MONSEIGNEVR,

Le Faux Tonaxare s'estoit donné à Vous, auant qu'il eut droit d'aspirer à cét honneur par l'approbation publique ; La Fortune s'est enfin declarée pour luy, apres auoir esté balancée par le malheur du Siecle, qui tombe insensiblement dans le dégoust des Pieces serieuses. Le don que ie vous en auois fait a consacré mon Ouurage, & l'ambition de vous plaire a tellement releué le courage à mon Heros, qu'il a paru sur le Theatre auec vne fierté qui a étonné ses ennemis, & qui m'a donné l'asseurance de le mettre sous la protection d'vn des plus illustres Noms de l'Europe. Comme il est vray, MONSEIGNEVR, *que dans cette Auguste Maison, dont vous soutenez aujourd'huy toute la gloire, on a toûjours veu des Actions de justice & de generosité; C'est chez vous que le Faux Tonaxare a trouué vn glorieux azile contre ses persecuteurs. Vous auez herité de ces grandes Qualitez, qui ont immortalisé la memoire de vos Ancestres. On peut bien vous contester quelques biens de la Fortune, quoy qu'ils vous soient acquis naturellement par le Priuilege de Successions legitimes;*

on ne peut iamais vous disputer ces Vertus heroïques que vous auez tirées de l'exemple de vos Ayeux, ou pour mieux dire que vous auez puisées dans le fonds de vostre Sang. L'incertitude du Tribunal des Hommes peut mettre en quelque peril vne partie de ce vaste heritage qui vous est dû; mais rien ne peut diminuer ces biens pretieux du Cœur & de l'Esprit, qui sont le premier caractere de la haute Naissance, & le ...incipe de la veritable Gran- ...cét amour, MON-

SEIGNEVR, & ce rare talent que vous auez pour les belles Sciences, & qui font tant d'honneur aux conditions releuées; Cette genereuse franchise, & cette probité inalterable dans vn Siecle plein d'infidelité & de corruption; Ce zele abandonné, qui vous fait sacrifier toutes choses à la gloire de l'amitié; Cette haute magnificence dont vous nous faites voir des essais, qui dans l'affermissement de vostre fortune promettent des éclats dignes de l'Illustre

Heritier de la Maison d'Espernon ; Cette Valeur enfin qui est comme naturelle à tous ceux de vostre Sang, & que vous auez signalée en beaucoup d'occasions ; Voila, MONSEIGNEVR, vostre principal heritage, voila les auantages que vous possedez sans rien attendre de la faueur, & sans rien craindre de l'injustice : C'est par là qu'il faut estimer la grandeur de vostre fortune ; Et ce sont enfin ces grandes Qualitez qui m'obligent aujourd'huy de vous donner ce que i'ay de moins indigne de vous estre offert : Le Faux Tonaxare est ce que i'ay de plus pretieux & de plus estimable, puis qu'il a l'honneur de vostre suffrage : Agréez donc, MONSEIGNEVR, cette marque de mes profonds respects, & la protestation que ie vous fais d'estre toute ma vie auec plus d'attachement & de fidelité que personne du monde,

MONSEIGNEVR.

Vostre tres humble,
& tres obeïssant
Seruiteur,
BOYER.

AV LECTEVR.

IE ſuis obligé de t'aduertir que le Nom de Tonaxare n'eſt pas vn Nom inuenté, comme quelques vns ont crû ; Ce meſme Prince Frere de Cambiſe, eſt appellé Mergis par Iuſtin, Smerdis par Herodote, & Tonaxaris par Xenophon. I'ay crû te deuoir cét Aduis, afin que tu ne juges pas de moy ſur l'exemple de quelques Autheurs de ce temps, qui prenans la licence de preſter vn Nom veritable à vn ſujet chimerique, pourroient faire croire que i'ay donné vn Nom inuenté à vn ſujet Hiſtorique.

Fautes à corriger.

Page 23. Vers 1. pius, liſez plus. Page 23. Vers 15. deux, liſez ſix. Page 51. Vers 4. ma, liſez ta. Page 52. Vers 11 laiſſés, liſez laiſſes. Page 53. Vers 3. ces, liſez ſes, Page 79, Vers 5. perſide, liſez perfide.

Extrait du Priuilege du Roy.

PAr Grace & Priuilege du Roy, Donné à Paris le 14 iour de Ianvier, l'an de grace 1663. Signé, Par le Roy en son Conseil, FALENTIN. Il est permis à Charles de Sercy Marchand Libraire à Paris, d'imprimer, vendre & debiter vne Piece de Theatre, intitulée *Oropaste, ou le Faux Tonaxare*, Tragedie, par Monsieur BOYER, & ce durant le temps & espace de sept années entieres & accomplies, à commencer du iour que ladite Piece sera acheuée d'imprimer pour la premiere fois, en telle marge, caractere & autant de fois que bon luy semblera : Et defenses sont faites à toutes personnes, de quelque qualité & condition qu'ils soient, d'imprimer, faire imprimer, vendre & debiter lad. Piece, sans le consentement de l'Exposant, ou de ceux qui auront droict de luy, à peine de trois mille liures d'amende, & de tous despens, dommages & interests, ainsi qu'il est plus au long porté audit Priuilege.

Registré sur le Liure de la Communauté le 24. iour de Ianvier 1663. suiuant l'Arrest de la Cour.

Signé, I. DVBRAY, Syndic.

Acheuê d'imprimer pour la premiere fois le 27. Ianvier 1663.

Les Exemplaires ont esté fournis.

ACTEVRS.

OROPASTE, ou le Faux Tonaxare, Roy de Perse.

PATISITE, Frere d'Oropaste.

MEGABISE, Pere d'Oropaste.

DARIE, Prince de Perse, Amant d'Hesione.

ZOPIRE, Prince de Perse, Amant d'Araminte.

HESIONE, Sœur du vray Tonaxare.

ARAMINTE, Sœur de Darie.

CLEONE, Confidente d'Hesione.

MITROBATE, Capitaine des Gardes du Roy.

GARDES.

La Scene est à Suze dans le Palais Royal.

OROPASTE, OV LE FAVX TONAXARE.

TRAGEDIE.

ACTE I.

SCENE PREMIERE.

ZOPIRE, DARIE, CLEONE.

ZOPIRE *à Cleone.*

AVERTIS promptement la Princesse Hesione,
C'est vn auis pressant qu'il faut que ie luy donne:
à Darie. Oüy, Seigneur, c'est d'Egypte, & du Camp du feu Roy,
Que ie reuiens icy plein de trouble & d'effroy.

DARIE.

Hors d'estat de combattre, ayant quitté l'Armée,
La Victoire, ou la Paix, y sembloit confirmée.
Le sort a-t'il changé? craint-on nos ennemis?
Quoy que de ma blessure encore mal remis,
I'iray....

ZOPIRE.

C'est d'autres maux que ie viens vous instruire;
Par l'ordre de nos Chefs, ce qu'on craint pour l'Empire,
Auant que voir le Roy, doit paroistre à vos yeux.
Mais le Roy pouroit biẽ nous surprẽdre en ces lieux.

DARIE.

Non, non, depuis six mois maistre de la Couronne,
Soit orgueil, soit coustume, il cache sa personne:
Zopire, tu sçais bien comme il aimoit ma Sœur,
Comme il m'offrit la sienne, & toute sa faueur;
Maintenant sur le Trône, il fuit ma confidence,
Et tout son procedé marque son inconstance.
Il manque, l'infidelle, à ce qu'il m'a promis,
Il trahit mon amour, il trahit ses amis,
Et sans considerer le rang, ny le merite,
Il m'ose dans son cœur preferer Patisite;
Comme si pour me perdre, vn infame Démon
Auoit pris sur le Trône, & sa place, & son nom.

ZOPIRE.

Plus que vous dãs l'effroy que ce discours me donne,
Le procedé du Roy me surprend, & m'étonne;
Cette infidelité dont il vse enuers vous,
Ce changement si grand, si remarqué de tous,
Le rendant si contraire à ce qu'il deuroit estre,
M'ouure les yeux, Darie, & va faire connestre
Vn malheur mille fois plus digne d'estre craint,
Que tous ceux dõt ie voy que vostre amour se plaint.

La Princesse paroist ; Darie, en sa presence
De mon retour d'Egypte apprenez l'importance;
Pour en iuger sans trouble, & mieux que ie ne fais,
Rendez à vostre esprit vne profonde paix.
Mais que vois-je, grands Dieux, Megabise auec elle?

DARIE.

Soupçonnez-vous, Zopire, vn sujet si fidelle?

ZOPIRE.

Il doit m'estre suspect, & dans toute la Cour
Il deuoit le dernier apprendre mon retour.

SCENE II.

MEGABISE, ZOPIRE, HESIONE, ARAMINTE, DARIE, CLEONE.

MEGABISE.

VN grand trouble paroist dessus vostre visage,
Zopire ; dans ces lieux ie vous fais quelque om- [brage,
La Princesse m'a dit que vous estiez icy,
Et par d'autres auis i'en estois éclaircy.

ZOPIRE.

Seigneur....

MEGABISE.

I'ay tout appris d'vn des Chefs de l'Armée;
Et de pareils soupçons l'ame toute alarmée,
Ie viens pour m'éclaircir dans ces obscuritez,
Et peut-estre y chercher de fatales clartez.
Laissez-moy preuenir le rapport de Zopire,
Madame; mō discours vous pourra mieux instruire:
Il a des interests qui ne sont pas pour nous,
Et mon zele est entier pour l'Empire, & pour vous.

ZOPIRE.

Parlez, & ie suis prest à vous prester silence.

DARIE *à Megabise.*

Si vous craignez icy ma Sœur & ma presence....

MEGABISE.

Non, non, Prince, arrestez, & vous Princesse aussi.

HESIONE *à Cleone.*

Voy si l'on nous écoute, & que nul n'entre icy.

MEGABISE. *Tous estans assis.*

Pardon, si le discours que ie m'en vay vous faire,
Retraçant les malheurs du feu Roy vostre Frere,
Rappelle dans vostre ame vn cruel souuenir,
Que peut-estre le temps commençoit d'en bannir.
L'Egypte alloit tomber sous le joug de Cambise,
Et l'Affrique au seul bruit de ses armes soumise,
Déja de toutes parts nous enuoyoit ses Roys
Reconnoistre Cambise, & receuoir ses loix;
Il estoit tout remply de l'heur de sa victoire,
Quand le Ciel se seruit, pour confondre sa gloire,
Montrer nostre foiblesse, & son diuin pouuoir,
Du plus foible moyen qu'on puisse conceuoir.
Vn songe à ce Vainqueur, à ce foudre de Guerre,
A ce maistre absolu des trois parts de la Terre,
Osta tout le repos, & luy fist souhaiter
Le sort des malheureux qu'il venoit de dompter:
De cent vaines frayeurs son cœur deuint la proye;
Ses progrés le troubloient, loin d'exciter sa joye;
Tout luy deuint suspect, & ses timiditez
Abaissant son orgueil à cent indignitez,
Il flatoit le Soldat, & se donnoit la gêne
Pour gagner l'amitié du moindre Capitaine.

HESIONE.

Quel songe si fatal a pû par tant d'effroy
Ebranler tout d'vn coup l'ame d'vn si grand Roy?

MEGABISE.

Vn ſonge, où le Roy vit par vne indigne audace
Tonaxare ſon Frere oſer prendre ſa place,
Couronné dedans Bactre arracher de ſa main
Le titre glorieux du pouuoir ſouuerain:
Le Roy, ſans conſulter que ſa fureur timide,
Veut qu'il meure, & choiſit pour ce noir parricide
Prexaſpe, & Patiſite.

DARIE.

Et Patiſite, ô Dieux!
Voſtre Fils, Megabiſe?

MEGABISE.

Oüy, ce Fils odieux:
Helas! i'auois deux Fils, dõt l'vn perit dans l'onde,
Luy qui fut autrefois l'amour de tout le monde;
L'autre à tant de forfaits oſa s'abandonner,
Que du meurtre du Prince on l'oſe ſoupçonner.
Oüy, ce Fils eſt par tout en ſi mauuaiſe eſtime,
Que pluſieurs l'ont iugé capable de ce crime.

HESIONE.

Et mon Frere Cambiſe, ô honte! ô lacheté!
A paſſé ſur vn ſonge à cette cruauté?

MEGABISE.

C'eſt ſur ce bruit qu'õ croit Prexaſpe, & ſon cõplice,
Auoir fait du vray Prince vn ſanglant ſacrifice;
Et que Prexaſpe eſtant retourné pres du Roy,
Auoit par ce rapport appaiſé ſon effroy.
Cambiſe en cet eſtat n'auoit rien de contraire
Que le ſecret remors du meurtre de ſon Frere,
Lors qu'il apprend qu'à Bactre on auoit couronné
Celuy que par ſon ordre il croit aſſaſſiné:
Son cœur en eſt frapé comme d'vn coup de foudre;
Confus, & ne ſçachant que croire & que reſoudre,

A ce mortel auis plein de trouble & d'effroy,
Ie suis trahy (dit-il) enfin mon Frere est Roy.
O trop funeste effet d'vn songe ineuitable!
Ie n'ay pû preuenir ce malheur effroyable.
Qu'on ameine Prexaspe. Alors s'abandonnant
A tout ce qu'a d'affreux, de cruel, d'étonnant,
La crainte, la douleur, le desespoir, la rage,
Il querelle les Dieux, & luy-mesme il s'outrage,
Il s'aueugle à tel poinct, que courant en fureur
Pour porter à Prexaspe vn poignard dans le cœur,
Il tombe, & se blessant sans sentir sa blessure,
Il faut mourir, Prexaspe, apres ton imposture:
Quoy, perfide, est-ce ainsi que tu m'as obey?
Traistre, mon Frere vit, c'est toy qui m'as trahy.
Là voulant contenter la fureur qui le presse,
Comme il leue le bras, il tombe de foiblesse.
Escoutez ce qui reste. Apres vn peu d'effroy,
Prexaspe se remet, approche, & parle au Roy.
Ton Frere est mort (dit-il) & nostre obeïssance
N'a que trop bien seruy ta vaine défiance;
Patisite, auec moy, par vn coup plein d'horreur,
A dans Bactre immolé ce Prince à ta frayeur.
Ie te l'ay deja dit ; & si maintenant Suse
Prend vn autre pour luy, Patisite l'abuse;
Orupaste son Frere, a tous les traits du tien,
Et l'vn & l'autre en tout se ressemblent si bien,
Qu'on s'est mépris cent fois à cette ressemblance:
Vn si juste rapport confondant leur naissance,
L'assassinat connu de nous deux seulement,
Son depart la nuit mesme, & ton éloignement,
Ont rendu Patisite à ce poinct temeraire,
Qu'il a fait couronner son Frere pour ton Frere.
Voila ce que Cambise apprist auant sa mort.

ARAMINTE.

Dieux! qu'entens-je?

HESIONE.

Ah! mon Frere.

DARIE.

Ah! funeste rapport.

à Meg. Ainsi sous la faueur de cet horrible crime,
Vostre Fils prend le nom du Prince legitime.

MEGABISE.

Suspendez vostre auis sur ce mortel abus;
Ce cher Fils a-t'il pû vous tromper, s'il n'est plus?
Ah! s'il viuoit encor, son zele & son courage...

HESIONE.

Megabise, à ton Fils ie doy ce témoignage;
Ie luy donnay des pleurs sur le bruit de sa mort:
Il auoit des vertus dignes d'vn autre sort.
Prexaspe cependant l'accuse d'imposture.

MEGABISE.

Et Cambise en mourant nous a fait mesme injure,
Il croit Prexaspe; & lors sentant son sort finir,
Par la perte du sang qu'il ne peut retenir,
Triste, accablé, resvant à cette ressemblance:
Tu me trahis (dit-il) tu braues ma prudence,
Fier Destin. A ces mots il pousse auec effort
Le reste de son sang qui fait place à la mort.
Il est mort tout confus de la mort de son Frere,
Conuaincu par l'aueu qu'vn traistre osa luy faire.
Vous vous troublez, Madame; & vos yeux me font voir
Princes, dedans vostre ame vn secret desespoir.
Ie voy naistre en vos cœurs l'horreur d'vn si grand crime;
Si Prexaspe a dit vray, l'horreur est legitime;
Mes Fils ostent au Trône vn juste Successeur;
L'vn est vn assassin, l'autre est vn imposteur:

Il eſt temps de parler, ceſſez de vous contraindre,
Quoy que ie ſois leur Pere, agiſſez sãs rien craindre.
Ie ne vous preſſe point par l'eſpoir ſeulement
De ſonder juſqu'où va voſtre reſſentiment:
S'il eſt vray que mes Fils ayent pouſſé leur audace,
L'vn a perdre ſon Roy, l'autre à prendre ſa place;
I'atteſte tous les Dieux, que ie vay ſur mon ſang
Venger la mort du Prince, & l'honneur de ſon rang.
Vous ſçauez àquelpoinct i'aimay toûjours la gloire,
Et combien de Cyrus ie cheris la memoire,
Ses faueurs m'ont fait grãd, ſans luy ie n'eſtois rien,
Et ſon ſang me ſera bien plus cher que le mien.

DARIE.

Megabiſe, il eſt temps de ſuiure ce beau zele,
Signalez promptement vne ardeur ſi fidelle;
Prexaſpe a publié que Tonaxare eſt mort,
Et Cambiſe en mourant confirme ſon rapport.
Allons..

MEGABISE.

Auant que croire & Prexaſpe, & Cambiſe,
Sçachez dequoy l'Armée eſt encor plus ſurpriſe.
Tous ſe reſſouuenans de ces derniers combats,
Où mon Fils Oropaſte, auec mille Soldats,
En entrãt dãs l'Egypte, aux yeux de tout le monde,
Par la cheute d'vn Pont, auoit pery dans l'onde,
On ſe défie, on doute, & pluſieurs ſont d'accord
Que le Prince eſt viuant, & qu'Oropaſte eſt mort:
Quelques-vns ſur ce poinct ſont d'vn auis cõtraire;
Ainſi dans le Conſeil tout choix eſt temeraire.
Prexaſpe interrogé ſur vn tel different,
Dément tout le diſcours qu'il fit au Roy mourant,
Et leur dit que voulant éuiter ſa colere,
Il s'eſtoit fait l'autheur de la mort de ſon Frere.

Par là tout nostre Camp est toûjours diuisé.
Zopire, vous voyez si i'ay rien déguisé.
Madame, c'est à vous à finir ce partage;
Ie ne veux point icy forcer vostre suffrage:
Ie sors, & jure encor, si le Prince n'est plus,
D'immoler tout mon sang au vray sang de Cyrus:
Mais aussi sauuez-vous d'vn effroyable crime;
Gardez-vous d'attenter sur vn Roy legitime;
Madame, pensez bien à ce grand interest,
Prononcez, & ma main souscrit à vostre Arrest.

SCENE III.

HESIONE, ZOPIRE, DARIE ARAMINTE.

HESIONE.

AH! Zopire, est-il vray ce qu'a dit Megabise?

ZOPIRE.

Madame, vous voyez mon trouble & ma surprise,
Non qu'on puisse douter de tout ce qu'il a dit;
Son rapport est fidelle, & i'en suis interdit.
Megabise sçait tout, quel conseil faut-il prendre?

DARIE.

Zopire, en doutez-vous, il faut tout entreprendre,
Venger la mort du Prince, & le rang souuerain,
Acheuer en secret vn si noble dessein;
Vous voyez qu'affectant vn zele trop sincere,
Megabise a caché l'ambition d'vn Pere;
Et que pour voir vn Fils regner impunément,
Il tâche d'éblouïr nostre ressentiment:

N'en doutez plus, Zopire: Ah! mon cher Tonaxare,
Victime des fureurs d'vn Frere trop barbare,
Si mon amour trahy murmuroit contre toy,
Et t'osoit reprocher de me manquer de foy,
Pardonne-moy, belle Ombre, vn trãsport temeraire,
Donne ce que i'ay fait à ce que ie vay faire,
Et qu'vn remors suiuy d'vne juste fureur,
Repare les transports d'vne fatale erreur.
Allons, Zopire, allons.

ZOPIRE.

Où courez-vous, Darie?

DARIE.

Egorger l'imposteur, auant qu'il s'en défie:
Luy voulez-vous donner le temps de s'asseurer,
D'assembler ses amis, ou de se retirer?

ZOPIRE.

Croyez-vous Megabise auec tant d'imprudence,
Qu'il laisse en liberté toute nostre vengeance?
Peut-estre qu'il m'attend pour me faire arrester;
S'il veut nous preuenir, pouuons-nous l'éuiter?
Ah! plutost consultons ce que nous deuons faire.
Madame, vous deuez connoistre vostre Frere:
Quelle marque auez-vous pour jurer son trépas,
Que qui regne dans Suse, aujourd'huy ne l'est pas?
Sur quelle preuue entiere, & qui nous satisface,
Croirõs-nous qu'il soit mort, qu'vn autre ait pris sa
Tous nos Chefs partagez, on resout seulemẽt [place?
D'en venir prendre icy plus d'éclaircissement:
Pour pretexte, le Camp vers le Prince m'enuoye
De son couronnement luy témoigner la joye;
Mais ie viens pour vous voir, & sur vostre rapport
Luy rendre mon hommage, ou luy donner la mort.

HESIONE.

Helas! quelles clartez de moy peut-on attendre?
Si l'on tiẽt pour suspect ce que ie viens d'aprendre:
Si le Roy, dont le Ciel vous a caché le sort,
Merite par mon choix, ou l'hommage, ou la mort?
Reglez ce choix aueugle, & mõtrez moi vous méme
Zopire, ce qu'il faut que i'abhorre, ou que i'aime.

DARIE.

Haïssez l'imposture, & ne vous trompez plus.

ARAMINTE.

Gardez de faire outrage au vray sang de Cyrus.

DARIE.

Prexaspe l'a versé.

ARAMINTE.

S'il l'a dit à Cambise,
Son desaueu dément sa premiere surprise;
La peur l'a fait parler.

DARIE.

Oüy la derniere fois;
Criminel, pour auoir versé le sang des Roys,
Il a voulu cacher son crime, & l'a dû faire,
Par crainte, ou pour gagner Patisite, & son Frere.

ARAMINTE.

Ces soupçons mal fondez sont icy superflus,
Puis qu'on est asseuré qu'Oropaste n'est plus.
Vous sçauez que ce Mage a pery dedans l'onde,
Et sa perte parut aux yeux de tout le monde.

DARIE.

Combien en a-t'on veus auoir passé pour morts,
Que l'onde encor viuans a vomy sur ses bords?

ARAMINTE.

Vos injustes soupçons ont besoin d'vn miracle.

DARIE.

Vn Roy mourant l'a crû, sa foy vaut vn Oracle.

ARAMINTE.

Ce Roy mesme en mourant, de son Frere jaloux,
A plus loin que sa vie étendu son couroux.

HESIONE.

Donc il est resolu, Destin inexorable,
Qu'vne eternelle nuit me rende miserable!
Pere de la Clarté. Dieu des Perses, Soleil,
Vis-tu iamais vn cœur dans vn trouble pareil?
Mon Frere ne vit plus, & ie voy son image;
Oropaste n'est plus, & ie voy son visage;
Et tout ce que ie voys incertain & douteux,
M'empesche de les voir, & les montre tous deux.
Quoy, faut-il à nos yeux laisser regner vn traistre?
Mais faut-il le punir, & ne le pas connaistre?
Cher Frere, que mon sort est digne de pitié!
Ou l'amitié du sang s'oppose à l'amitié,
Ou l'ennemy caché sous l'image d'vn Frere
Allume ma vengeance, & retient ma colere;
Ou craignant de trop craindre, & de trop attenter,
Tout incertain qu'il est, mon cœur n'ose douter.
O vous qui me voyez dans cet affreux abisme,
Où l'amour est injuste, où la haine est vn crime,
Répandez quelque jour sur tant d'obscurité.

ZOPIRE.

C'est de vous que l'Estat attend quelque clarté;
Et pour mieux éclaircir cette étrange auanture,
Il faut dans vostre cœur consulter la Nature.

HESIONE.

Si mes yeux sont trompez, que me dira mon cœur?

DARIE.

Madame, il vous dira que c'est vn imposteur,
Que du vray Tonaxare ayant la ressemblance,
Sa conduite en fait voir toute la diference.

Vous voyez qu'il trahit ma Sœur, moi méme, & vous,
Qu'il trahit les beaux feux qu'il fist naistre être nous,
Et que d'vn Roy si cher dont il porte l'image,
Il n'en a retenu que l'ombre, & le visage.

HESIONE.

C'est assez, & c'est trop d'en auoir à la fois
Tous les traits apparens, l'air, la taille, & la voix.

DARIE.

De si contraires mœurs font voir son imposture.

HESIONE.

Mais des traits si pareils étonnent la Nature.

DARIE.

N'ayant point obserué, pleine de vostre erreur,
Que comme le vray Prince, vn si lâche imposteur,
Vous n'auez pû, Madame, en voir la diference.

ARAMINTE.

Faudra-t'il sur ce choix croire vostre vengeance?

DARIE.

Faudra-t'il déferer à vostre aueuglement?
Ma Sœur, songez plutost à venger vostre Amant.

ARAMINTE.

Ie prendrois le hazard dans vn sort si bizarre,
D'aimer vn imposteur, pour sauuer Tonaxare.

DARIE.

Ce grand zele vous trouble, & n'agit que pour vous.

à Araminte. HESIONE. *à Darie.*

I'estime vostre ardeur. I'aime vostre courroux.
Cõseruez moy mõ Frere; & vous, perdez vn traistre.
Mais faisons nos efforts afin de le connaistre;
Allons-y trauailler chacun de son costé.

ARAMINTE.

Ie n'en desire point de plus grande clarté,
Mon amour me suffit pour le croire son Frere.

DARIE.

Pour le croire imposteur, c'est trop de ma colere.

ZOPIRE *à Araminte.*

Vous aimez trop le Roy, pour en croire à vos yeux.

ARAMINTE.

Vn Roy, vostre Riual, vous peut-estre odieux.

ZOPIRE.

Croyez moins vostre amour.

ARAMINTE.

Croyez moins vostre haine.

ZOPIRE.

Le temps...

ARAMINTE.

Rien sur ce choix ne me rend incertaine.

HESIONE.

Araminte, & vous Prince, arrestez ce transport;
Voyōs qui des deux regne, ou qui des deux est mort,
Cependant déguisons cette grande entreprise;
Sur tout cachons la bien aux yeux de Megabise,
Quoy que de sa vertu i'ose tout presumer,
Vn Fils dessus le Trône a dequoy le charmer.
Si ce Fils nous trahit, taschons de le surprendre,
Et cherchons en secret le moyen d'entreprendre.

SCENE IV.

CLEONE, HESIONE, ARAMINTE, DARIE, ZOPIRE, LE ROY.

CLEONE.

Madame, le Roy vient.

HESIONE.

Ah! nous sommes trahis;
Peut-estre Megabise,...

ARAMINTE.

Asseurez vos esprits:
Ie répons de sa foy, ne craignez rien, Madame.

DARIE *en s'en allant, à Hesione.*

Princesse, sauuez-vous des ruses d'vn infame.

ARAMINTE *en s'en allant.*

Gardez-vous bien de croire vn Amant furieux;
Consultez seulement vostre cœur, & vos yeux.

CLEONE.

Il entre.

LE ROY.

Ah! chere Sœur, sur ce triste visage
Ie voy d'vn mal secret le funeste presage:
Mais si vous vous plaignez d'vn sort trop rigoureux,
I'en connoy, chere Sœur, qui sont plus malheureux.
Forcé par la rigueur des Loix du Diadéme,
De manquer à Darie, à ma Sœur, à moy-méme,
Perfide, ingrat, ie suis au poinct où ie me voy,
Plus à plaindre que ceux qui se plaignent de moy:
Malgré moy ma parole autre-part vous engage:
Si Darie emporta ce superbe auantage,
Ne vous étonnez pas d'vn si grand changement;
Ma Sœur, i'estois alors Amy, Sujet, Amant;
Alors aimant tous deux, nostre amitié fidelle
Se fit de nos deux Sœurs vne offre mutuelle:
Mais le rang où ie suis rompt cette égalité,
Et me doit dispenser de ma fidelité;
Ie m'imposay ce joug en prenant la Couronne,
Et forcé de payer la main qui me la donne....

HESIONE.

La main qui vous la dõne? A quel secours, Seigneur,
Deuez-vous vostre Sceptre, & tout vostre bonheur?
Qui vous a mieux seruy que l'illustre Darie?

LE ROY.

Vn bras à qui ie dois & la Sceptre, & la vie,
Patisite, ma Sœur, il fut mon seul appuy.

HESIONE.

Patisite, Seigneur?

LE ROY.

Ie perdois tout sans luy.

HESIONE.

Et ie serois le prix du lâche Patisite?

LE ROY.

Sçachez ce qu'il a fait, pour voir ce qu'il merite.
Ie perissois sans luy, par l'ordre du feu Roy:
Oüy Cambise, qu'vn songe auoit remply d'effroy,
Où ie luy paroissois par vne audace extréme
Arracher de sa main la puissance supréme,
Prend cette vision pour vn auis du sort,
Et voulant preuenir ce malheur par ma mort,
Il destine à ce coup Prexaspe & Patisite:
Mais par quelque interest dont on le sollicite,
Luy que ie haïssois, comme vn Homme sans foy,
Patisite m'épargne, & me couronne Roy.
Pour soustenir mon zele & ma reconnoissance,
Soyez de mon salut l'illustre récompense.

HESIONE.

Quoy, Seigneur, pensez-vous estre quitte enuers luy
Par le present d'vn bien vsurpé sur autruy?
Voudroit-il me deuoir à cette perfidie,
Et faut-il le payer en trahissant Darie?

LE ROY.

Ah! que ne voyez-vous, chere & diuine Sœur,
Les efforts que mon zele a faits en sa faueur;
Ce choix dõt vostre amour fait vn malheur extréme,
Vous feroit plus souffrir pour moy, que pour vous-mesme.

HESIONE.

Ie puis donc esperer, & vous m'aimez assez,
Pour ne me dire pas, ma Sœur obeïssez:
De ce seul mot dépend le salut de Darie;
Ou prenez plus de soin d'vne si chere vie,
Ou bien souuenez-vous de cet illustre iour
Où le nœud d'amitié fit celuy de l'amour,
Quand vous dõnant sa Sœur pour obtenir la vostre,
Par ce don mutuel l'vn s'acquitta vers l'autre:
Il se fera iustice, & malgré tant d'ardeur,
Il sçaura se venger, & reprendre sa Sœur.

LE ROY.

Ce n'est pas ce malheur qui doit faire ma peine;
Ie crains peu sa vengeãce, & crains trop vostre haine.

HESIONE.

Araminte pour vous est-elle sans pouuoir?
Ah! si vous renoncez à ce charmant espoir,
Puis-je au moins esperer du secours de mes larmes...?

LE ROY.

Ah! trop aimable Sœur, que vos pleurs ont de char-[mes!
Que ie cede sans peine à ce juste desir,
Vers qui déja mon cœur penchoit auec plaisir!

HESIONE.

Ie rens grace à mes pleurs qui m'ont rẽdu mõ Frere.

LE ROY.

Ie vous rens encor plus que vostre amour n'espere:
Ie vous aime, Hesione, auecque tant d'ardeur,
Que vous m'estes bien plus que ne m'est vne Sœur.

HESIONE.

Vous m'en donnez, Séigneur, vne puissante preuue.

LE ROY.

Nõ, nõ, sçachez qu'au poinct où mõ amour se treuue,
Si ie dis que ses feux surpassent l'amitié,
Ce langage imparfait n'en dit que la moitié;

Ce que ie sens pour vous de tendresse & de zele,
Me peut rendre à l'Empire, à moy-méme, infidelle;
Et quand ie vous fais voir des transports si puissans,
Ie ne dis pas encor tout le feu que ie sens.
Ah! que ne m'aimez-vous autant que ie vous aime!

HESIONE.

Si vous m'aimez beaucoup, ma tẽdresse est extréme.

LE ROY.

Charmé de cet amour & si plein, & si grand,
I'en attens vn bonheur dont l'excés me surprend:
Ie n'en puis dire assez, & ie crains d'en trop dire.

HESIONE.

Vous n'en direz iamais autant que i'en desire.

LE ROY.

Mais si brûlant d'amour....

HESIONE.

Que dites-vous, Seigneur?

LE ROY

I'auois presque oublié que vous estiez ma Sœur,
Et dans l'emportement d'vn si tendre langage....
Adieu, peut-estre vn jour i'en diray dauantage.

HESIONE.

Tu m'en as dit assez pour me combler d'effroy;
Suiuons, & découurons tout ce que ie preuoy.

Fin du premier Acte.

ACTE II.

SCENE PREMIERE.

MEGABISE, ZOPIRE.

MEGABISE.

PRince, ne doutez plus d'vn zele trop sincere,
Ie seray bon Sujet, malgré l'amour de Pere;
Ie le repete encor, & vous le sçauez [bien,
Que le sang de Cyrus m'est plus cher que le mien.
De grace, sauuez-moy d'vn trouble qui me gesne,
Ne laissez plus mon ame étonnée incertaine;
Qu'auez-vous decidé du sort de nostre Roy?

ZOPIRE.

Tout sembloit confirmer le trouble où ie vous voy:
Mais nos cœurs qu'agitoit vne foible apparence,
Vers Tonaxare enfin ont fait choir la balance;
Et sans vouloir pousser nos clartez plus auant,
Nous auons tous conclu que le Prince est viuant.

MEGABISE *auec transport de joye.*

Ah! Zopire... Mais Dieux!

ZOPIRE.

Quelle douleur vous presse?

MEGABISE.

Souffrez que ce soûpir échape à ma tendresse;
La Nature n'a pû retenir ce transport;
Si le Prince est viuant, helas! mon Fils est mort:
Dans ce Fils prétieux ie trouuois trop de charmes,
Pour me contraindre encor à retenir mes larmes;
Et ce que i'ay forcé par vn zele inhumain,
Ne se peut plus cacher, quand le mal est certain.

ZOPIRE.

Voulez vous voir vn Fils viure & regner en traistre?
Le voir viure à nos yeux par la mort de son Maistre?
Vostre zele tantost s'expliquoit autrement.

MEGABISE.

I'ay toûjours mesme zele, & mesme sentiment:
Mais enfin ie flotois dans cette incertitude,
Et dans le foible espoir de mon inquietude,
Quelque horreur que me fit le titre d'imposteur,
Le doute de sa mort consoloit ma douleur.
Vous donc à qui ie doy cette triste lumiere,
Donnez m'en promptement vne asseurance entiere;
Ie n'ay semé tantost que des obscuritez:
Auez-vous éclaircy ces sombres veritez,
Et m'en donnerez-vous vne marque fidelle?

ZOPIRE.

Seigneur, nous croyons tout ce que veut nostre zele;
Et n'ayant pas dequoy conuaincre nos esprits,
On donne au bruit commun la mort de vostre Fils.

MEGABISE.

Et vous n'en auez point vne preuue plus claire?

ZOPIRE.

On veut laisser au temps éclaircir ce mystere,
Et croyant ce qui sert au repos de l'Estat,
Epargner à vos Fils l'horreur d'vn attentat.

MEGABISE.

Quoy, i'attendray du temps cette reconnoiſſance?
Ah! ſecours trop cruel à mon impatience.
Prince, ie me plaignois d'auoir trop de clarté;
Mais rien n'eſt ſi cruel que cette obſcurité:
Voir mõ Fils, ou mõ Roy, ſans les pouuoir cõnaiſtre;
Quoy, d'vn doute eternel ie doy trahir mõ Maiſtre;
Ou ſoupçonnant mes Fils, les voir auec effroy,
L'vn l'impoſteur, & l'autre aſſaſſin de ſon Roy?
Quoy, dans vn meſme objet vne erreur immortellè
Meſlera Tonaxare auec vn infidelle,
Et ce meſlange affreux confondra dans mon cœur
La haine & l'amitié, le reſpect & l'horreur?
Sauuez-moy du tourment de cette incertitude.

ZOPIRE.

Mais ſi pour vous guerir de cette inquietude,
Vous découurez enfin que voſtre Fils eſt mort,
Epargnez-vous...

MEGABISE.

Non, non, ie veux ſçauoir ſon ſort.
Pour le Prince plutoſt épargnons nos alarmes:
Si mon Fils a pery, mon Fils aura mes larmes,
Au moins vn mal certain bornera ma douleur,
Et ſans ceſſe douter eſt vn plus grand malheur.
En voyant ſur le Trône vn Prince legitime,
Si ie plains vn Fils mort, l'autre s'épargne vn crime,
Et l'vn d'eux au tõbeau me rẽd moins malheureux,
Que s'il deuoit le Trône au crime de tous deux.

ZOPIRE.

Mais ſi trop de clarté dans vn ſort ſi contraire
Accable de douleur vn miſerable Pere,
Et ſi de noſtre erreur voſtre eſprit détrompé
Vous montre voſtre Fils ſur vn Trône vſurpé....

MEGABISE.

Alors ſans écouter la voix de la Nature,
I'arracheray du Trône vn monſtre d'impoſture,
Par la flame & le fer i'oſteray cet abus,
Ie vengeray ſur luy le Fils du grand Cyrus,
Et ne le regardant que ſous le nom de traiſtre....

ZOPIRE.

Faites donc vos efforts afin de le connaiſtre:
Voſtre Fils ne ſçauroit ſe cacher à vos yeux.

MEGABISE.

Depuis trois ans d'abſence éloigné de ces lieux,
Du vray Prince, & de luy, la juſte reſſemblance,
Le bruit de ſon trépas, vne ſi longue abſence....

ZOPIRE.

Vn Pere a des clartez qui peuuent aiſément....

MEGABISE.

Mais trop de paſſion preuient ſon jugement:
S'il aime à voir vn Fils viure auec vn Empire,
Sur la moindre apparence il croit ce qu'il deſire;
Ou de trop de pitié ſe laiſſant preuenir,
Il n'oſe croire en vie vn Fils qu'il doit punir.
Vous dont le zele agit auec tant de prudence,
Aidez-moy pour haſter cette reconnoiſſance:
A deux lâches Sujets ce ſecret eſt commis;
Prexaſpe a le cœur bas, Patiſite eſt mon Fils,
Nous les ferons parler par force, ou par adreſſe.

ZOPIRE.

Allez, Seigneur, allez, meſme deſir me preſſe.

MEGABISE.

Vous m'auez veu tantoſt auec ſincerité,
Malgré l'amour du ſang, dire la verité;
Adieu, ſongez, Zopire, à répondre à mon zele.

ZOPIRE *ſeul.*

Va, l'intereſt d'vn Fils te peut rendre infidelle,

Et voyant que Cyrus n'a plus de successeur,
Tu peux à ce cher Fils conseruer cet honneur:
Ie t'ay veu hautement condamner tant d'audace;
On s'en plaint, mais le sãg obtiẽt toûjours sa grace.
Moy-mesme quand ie vois mon Riual dãs mõ Roy,
Ie crains que mon amour éblouïsse ma foy,
Et que preoccupé de l'ardeur qui me presse,
Pour perdre ce Riual.... Mais ie voy ma Princesse.

SCENE II.

ARAMINTE, ZOPIRE.

ARAMINTE.

QVoy, Zopire, est-ce ainsi qu'vn Prince fait sa Cour?
Ie viens de voir le Roy, qui sçait vostre retour.

ZOPIRE.

Nul ne pouuant sans ordre approcher sa personne,
Ie l'attens de son Frere, & sa lenteur m'étonne.

ARAMINTE.

Son Frere?

ZOPIRE.

Patisite.

ARAMINTE.

Ah! Zopire, ie voy
Que vous auez déja pris party contre moy.

ZOPIRE.

Ce n'est pas mon dessein de vous estre contraire.

ARAMINTE.

Pourquoy donc appeller Patisite son Frere?
Qu'auez-vous découuert pour le croire imposteur?

ZOPIRE.

Rien de nouueau.

ARAMINTE.

Quoy donc, vous promettant sa Sœur,
Darie a fait passer son erreur dans vostre ame?
Il faut perdre vn Riual qui nuit à vostre flame:
Vostre cœur, qui sembloit ne prendre aucun party,
Plein d'vn si doux espoir, s'est bientost démenty.

ZOPIRE.

Nõmez, vous mon Riual vn Amant qui vous quitte,
Ingrat à vostre Frere, amy de Patisite?
Si tantost i'ay douté sans rien examiner,
Voyant qu'il vous trahit, ie le dois soupçonner:
Si c'estoit ce Héros qui vous rendit les armes,
Pourroit-il sur le Trône échaper à vos charmes?
Vos yeux ne souffrent point vn pareil changement,
Et qui l'est vne fois, est toûjours vostre Amant.

ARAMINTE.

Son infidelité m'est encore inconnuë.

ZOPIRE.

Depuis deux mois qu'il regne, à peine il vous a veuë.

ARAMINTE.

Nos Roys à leurs Sujets se font voir rarement.

ZOPIRE.

L'Amour doit de ses Loix dispenser vn Amant.

ARAMINTE.

De ces deuoirs d'Amant mon amour le dispense;
I'aime à luy voir donner aux soins de sa puissance,
Tout ce qu'auant regner il donnoit à ses feux;
Vn grand Roy peut aimer, sans faire l'amoureux:
Tout son tẽps, tous ses soins sõt deus à la Couronne.

ZOPIRE.

Ainsi vous souffrirez qu'vn Roy vous abandonne.

ARAMINTE.

I'y consens, si l'Estat demande vn autre choix.

ZOPIRE.

Mesme vous l'aimerez, s'il vit sous d'autres Loix.

ARAMINTE.

Ah! c'est trop me presser.

ZOPIRE.

Expliquez-vous, Madame,
Vous-mesme faites luy son destin dans vostre ame;
En voyant que le Roy vous dérobe son cœur,
Ou c'est vn infidelle, ou c'est vn imposteur:
Qu'en ce trouble il échape à la haine d'vn autre;
Mais sans incertitude il merite la vostre.
Respecte qui voudra le sang du grand Cyrus,
C'est à vous à venger la honte d'vn refus,
Et vous déterminant par vostre propre outrage
A perdre quel qu'il soit, Tonaxare, ou le Mage.

ARAMINTE.

Ie le deurois, Zopire, & peut-estre qu'vn jour
Ma haine auec honneur vengera mon amour.

ZOPIRE.

Prenez l'occasion de venger vostre injure,
On doute, on le soupçõne, on s'assemble, on cõjure;
C'est vne occasion qui s'offre rarement
D'engager le public dans son ressentiment.

ARAMINTE.

Darie, & vous, vsez de cette Politique;
Et moy, loin de me joindre à la haine publique,
Voyant vn Roy trahy des plus grands de la Cour,
La pitié qu'il me fait redouble mon amour.
Il est honteux de suiure vne injuste querelle.

ZOPIRE.

Il est bien plus d'aimer vn fourbe, vn infidelle.

ARAMINTE.

Il l'est tel que ie l'aime, & l'orgueil de mon cœur
Est trop incompatible auec vn imposteur;
I'aime vn Roy plein d'honneur, de majesté, de gloire,
Et tel qu'il me paroist, tel chacun le doit croire;
Ie ne hazarde point la gloire de mon choix,
Et mon choix est toûjours ce qu'il fut autrefois:
Tant que i'auray des yeux, le Roy sera le mesme.

ZOPIRE.

Vous croyez moins vos yeux, que vostre cœur qui
[l'aime.

ARAMINTE.

Qu'importe que ie croye, ou mes yeux, ou mõ cœur.

ZOPIRE.

Il importe beaucoup que vous sortiez d'erreur.

ARAMINTE

Il importe encor plus de sauuer vostre Maistre.

ZOPIRE.

Quoy, Madame, au peril de soutenir vn traistre.

ARAMINTE.

Ie crains moins qu'vn grãd crime vn si charmãt abus;
I'auray soin de ma gloire: Adieu, n'en parlons plus;
Quel qu'il soit, Roy, Sujet, ou le Prince, ou le Mage,
De peur de le trahir, i'aimeray son image.

ZOPIRE *seul.*

Son image, grands Dieux, à quelle indignité,
Ambitieux Amour, fais-tu choir sa fierté?
Son Prince la trahit, & cette aueugle Amante
Aime qui que ce soit qui le luy represente.
Sauuons-la, mon amour, du tort qu'elle se fait;
Effaçons & brisons cet aimable Portrait;
Vn Monstre sous cet ombre échape à ma vẽgeance;
Déchirons tous les traits de cette ressemblance,
Et d'vn auguste Trône abatons promptement
Ce fantôme adoré par nostre aueuglement.

Mais ie voy Patisite, il faut joüer d'adresse.

SCENE III.

PATISITE, ZOPIRE.

PATISITE.

Ie vous ay fait attendre, excusez ma paresse,
Vous verrez Tonaxare, il s'appreste à venir,
Et demain en secret veut vous entretenir.
Mais que dit-on au Camp de l'illustre entreprise
Qui le couronna Roy du viuant de Cambise?

ZOPIRE.

Ce coup parut hardy, mais il fut estimé.

PATISITE

Vous me flatez, ie sçay que plusieurs l'ont blâmé;
Mais ils ont ignoré que ce Roy trop timide
Conceut contre son Frere vne horreur parricide:
Me voyant Gouuerneur, & puissant dans ces lieux,
(Bactre ayant couronné ce Héros glorieux)
Ie le receus dans Suse, & crûs le deuoir faire,
Pour le mettre à couuert des fureurs de son Frere;
Son trépas a rendu cet attentat heureux.

ZOPIRE.

Mais pourquoy hazarder vn coup si dangereux,
Pour seruir, au peril d'vne perte certaine,
Vn Prince dont i'ay sceu que vous auiez la haine?
I'admire ce beau zele : aussi cette faueur
Vous fait amy du Prince, & maistre de son cœur;
Il ne vous traitte pas en Sujet, mais en Frere :
Méme... Mais ce discours pouroit bien vous déplaire.

PATISITE.

Quels discours ? justes Dieux !

ZOPIRE *bas.*

Il paroist interdit.

PATISITE.

Ah ! de grace acheuez.

ZOPIRE.

Prexaspe m'a tout dit.

PATISITE.

Prexaspe?

ZOPIRE.

Instruit par luy d'vn secret d'importance,
Pourray-je point pretendre à vostre confidence?
Il m'en a jugé digne; approuuez son dessein.
Patisite, sans peur, ouurez-moy vostre sein;
Ie ne viens pas icy pour vous estre contraire,
Ie fus, & suis encore amy de vostre Frere.

PATISITE.

De mon Frere !

ZOPIRE.

Oropaste.

PATISITE.

Et ne sçauez-vous pas
Qu'il périt dedans l'onde en nos derniers combats?

ZOPIRE.

On l'a veu mille fois depuis cette journée.

PATISITE.

De grace, apprenez-moy quelle est sa destinée.

ZOPIRE.

Ie l'attendois de vous ; mais vn secret si cher
Qui n'a pû l'obtenir, ne doit pas l'arracher.

PATISITE.

Zopire, à ce discours ie ne puis rien comprendre.

ZOPIRE.

Le Roy vient, & de luy vous pourrez tout aprendre.

PATISITE.

Que m'apprendra le Roy?

ZOPIRE.

Que vostre Frere vit.

Poussons-le jusqu'au bout, il chancele, il pâlit.
Ne me le celez plus.

PATISITE.

Zopire, on vous abuse.

ZOPIRE.

On le voit tous les jours.

PATISITE.

Où?

ZOPIRE.

Dans Suse.

PATISITE.

Dans Suse?

ZOPIRE.

Dans ce Palais. Cessez de vous cacher à moy.

PATISITE.

Dans ce Palais? ô Dieux!

ZOPIRE.

Le voicy.

PATISITE.

Qui?

ZOPIRE.

Le Roy.

PATISITE.

Helas!

ZOPIRE *bas.*

I'en ay trop dit, pour m'en pouuoir dédire.

SCENE IV.

PATISITE, LE ROY, ZOPIRE, Suite.

PATISITE.

Seigneur.

LE ROY.

Qu'est-ce?

ZOPIRE.

Ordonnez, Seigneur, qu'on se retire.

LE ROY.

Laissez nous seuls. D'où viét le trouble où ie vous voy
Patisite?

ZOPIRE.

Seigneur, ce trouble vient de moy,
Il craint, & soupçonnant la foy que ie luy donne,
Vn secret qu'on m'a dit, le surprend & l'étonne:
Montrez pour l'asseurer, en m'ouurant ce secret,
Qu'on le peut confier à mon zele discret.
Le Roy sçait qui ie suis, Patisite, & peut-estre
M'estime-t'il assez pour se faire connestre:
Confessez deuant luy que vostre Frere vit.
Plus vous vous contraignez, plus vostre effroy le dit.

PATISITE *bas.*

Ah! nous sommes perdus.

LE ROY.

C'est donc vous, ô Zopire,
Qu'obsede le Démon ennemy de l'Empire,
Qui venez acheuer, plein de cette fureur,
Que Cambise en mourant versa dans vostre cœur,

Sur le Fils de Cyrus l'horrible parricide
Que refusa Prexaspe à sa rage timide.
C'est donc vous, qui venez sur vn lâche rapport
M'accuser d'imposture, & me donner la mort,
Et faire de ma teste à sa haine promise
Vn sanglant sacrifice aux manes de Cambise.
Cessez à vostre tour de faire le surpris,
Araminte deuoit s'acquerir à ce prix:
Grace aux Dieux, dãs vn Cãp qui m'estoit si cõtraire,
Mon seul Riual a craint la rage de mon Frere:
Au defaut des amis, que i'ay moins soupçonnez,
Il m'en restoit, Zopire, aux lieux d'où vous venez.
On vient de m'auertir du dessein qui vous mene,
Osez les démentir.

PATISITE *bas.*

Ie puis reprendre haleine.

ZOPIRE.

Ie ne demande point d'où vous auez appris
Ce qui s'est fait au Camp, & l'employ que i'ay pris,
Puis que pour ma douleur, & pour ma hôte extréme,
Ie voy que c'est enfin de l'ingrate que i'aime:
C'est là tout le sujet de mon étonnement.

LE ROY.

Ie pourrois vous laisser dans cet aueuglement;
Mais à la verité ie rends ce témoignage;
Prexaspe m'a tout dit.

ZOPIRE.

Prexaspe?

LE ROY.

Ce partage
Que fit vn faux rapport aussi-tost démenty,
Se dissipa dés lors que vous fustes party;
Et du consentement des plus grands de l'Armée,
En faueur de son Roy justement allarmée,

Prexaſpe vient icy pour vous deſabuſer....

ZOPIRE.

Pour moy ſon témoignage eſt trop à mépriſer:
Qui peut trōper ſon Roy, n'eſt croyable à perſonne.

PATISITE.

Quoy, Seigneur, ſouffrez vous qu'encore il vous ſou-
Apres l'auoir vousmeſme auec tãt de bonté [pçonne,
Inſtruit de ſon erreur, & de la verité?

ZOPIRE.

Oüy, oüy, le Roy le ſouffre, & ſoit que ie m'abuſe,
On ne m'abuſe point, ie n'en fais point d'excuſe;
De ces perplexitez que mon ame reſſent,
La Fortune eſt coupable, & Zopire innocent:
C'eſt le crime du ſort, dont l'injuſte colere
A ſi bien confondu noſtre Prince, & ton Frere,
Que dans l'obſcurité que me fait ce rapport,
Ie ne ſçay plus qui regne, ou qui des deux eſt mort.
Que ſçay-je à qui ie parle? Ah! ſi c'eſtoit le Mage...
à part. Zopire, il ne faut plus démentir ton courage.
I'ay feint pour te connoiſtre, & ſans rien ménager,
I'ay mon Roy, mon Païs, ma Maiſtreſſe, à venger;
I'ay reſolu ta mort, & de cette entrepriſe
I'en fais gloire deuant le Frere de Cambiſe;
Ie cherche icy des yeux pour conduire ma main,
Prens, prens tes ſeuretez, ſi tu crains mon deſſein.

PATISITE.

Ah! Seigneur, puniſſez ce diſcours temeraire.

LE ROY.

Ie ne ſens point l'affront qui s'adreſſe à ton Frere.
Non, non, garde, Zopire, vn ſi noble deſſein,
Mais choiſis de bons yeux pour conduire ta main;
Ton zele me rauit, ſi ton erreur m'offence;
Adieu, ie veux demain te donner audience.

ZOPIRE *en s'en allant,*
Si le trouble de l'vn m'auoit presque éclaircy,
La fermeté de l'autre augmente mon soucy.

SCENE V.

PATISITE, LE ROY.

PATISITE.
AH! que c'est comme il faut sçauoir regner, mon Frere,
Ie ne me repens point d'vn projet temeraire;
Tant d'orgueil soustenu par tant de fermeté,
Me fait bien augurer de vostre Royauté:
Zopire m'a surpris, ie n'ay pû m'en defendre.

LE ROY.
Zopire également a droit de me surprendre,
Et ie ne retiens plus le desordre, & l'ennuy,
Qu'vn orgueil necessaire a forcé deuant luy.
Mon Frere, nous touchons la fatale journée
Qui met au jour l'horreur de nostre destinée,
Et va faire de nous par vn soudain reuers
Vn spectacle effroyable aux yeux de l'Vniuers.

PATISITE,
Si Prexaspe est pour nous, que craignez-vous mon Frere?

LE ROY.
Tu vois quel jugement Zopire vient de faire;
Il peut nuire beaucoup, & seruir foiblement,
Et quoyqu'il m'ait promis ie crains son chãgement.

PATISITE.
Hébien, il le faut perdre, ostons luy l'auantage
De porter contre nous vn puissant témoignage.

LE ROY.

Son retour dans ces lieux déja connu de tous,
Feroit parler ſa mort hautement contre nous.
Plus Prexaſpe eſt à craindre, & plus ie m'en défie,
Et moins il m'eſt permis d'attenter à ſa vie,
Par la meſme raiſon, qui m'oblige aujourd'huy
De carreſſer Zopire, en craignant tout de luy.
Mon Frere, ie me voy dans vne conjoncture
Où ie me doy garder de tout ce qui m'aſſeure,
Où ie dois m'expoſer à tout ce que ie crains,
Où peut-eſtre mon Pere armant nos aſſaſſins,
Pour venger tout l'eſtat, ſe doit mettre à leur teſte,
Et lancer contre nous la premiere tempeſte.

PATISITE.

En vous montrant à luy, preuenez cet effort;
En voyant ſur le Trône vn Fils qu'il a crû mort....

LE ROY.

Il en ſera charmé, ie ſçay combien il m'aime,
Mais toûjours pour nos Roys ſon zele fut extréme;
Dans l'effroyable eſtat où ton crime m'a mis,
Ie me voy ſans Parens, ſans Dieux, & ſans Amis.

PATISITE.

Fuyons, mon Frere.

LE ROY.

Où fuir, ſi nos propres Cohortes
Pour nous aſſaſſiner ſont peut-eſtre à nos portes?
Où fuir, eſt-ce en Egypte où Cambiſe a parlé?
Eſt-ce à Bactre, où par toy ſon Prince eſt immolé?
Pour de tels criminels la Terre eſt ſans azile;
Point de ſalut pour nous qu'en cette ſeule Ville.

PATISITE.

Tout y veut noſtre mort, tous vont au meſme but.

LE ROY.

Hors du Trône pour nous il n'eſt point de ſalut.

PATISITE.

Ha! c'est là que fondra la premiere tempeste.

LE ROY.

C'est là que nous deuons hazarder nostre teste.

PATISITE.

Ce n'est pas l'exposer, en effet c'est perir.

LE ROY.

Fuir du Trône est toûjours beaucoup pl^9 que mourir

PATISITE.

Ne pouuant le garder, il faut bien s'en défaire.

LE ROY.

Mon rang ne souffre point vn depart volontaire.

PATISITE.

Quel sera donc enfin vostre sort, & le mien?

LE ROY.

Ou regner, ou mourir; ou Roy, mon Frere, ou rien:
Mais au milieu des flots, & si pres de l'orage,
Apprens que ie ne pers ny conseil, ny courage.

PATISITE.

Quel sera ce conseil?

LE ROY.

Suffit d'auoir regné:
Le Trône a des clartez qui me l'ont enseigné.
Meurs, indigne terreur, meurs, dans cette auanture
Mon rang est affermy par la seule imposture;
Ie garderay par elle & ma Couronne & moy;
Pour l'estre, il me suffit d'auoir passé pour Roy.

PATISITE.

Mais aimant la Princesse, & passant pour son Frere,
Cet Hymen met au jour ce que vous voulez taire;
Il aimoit Araminte, & vous la méprisez;
I'estois son ennemy, vous me fauorisez;
Vous trahissez Darie, en aimant Hesione.

LE ROY.

Ie veux par cet Hymen affermir ma Couronne;
Et ie verray les Dieux forcez de m'épargner,
Si ie mesle mon sang au sang qui fait regner.
L'exemple de Cambise authorise ma flame,
Et rien n'est contre moy, si sa Sœur est ma Femme,
Ie te la destinois, n'osant parler pour moy;
Mais n'ayant pû forcer l'horreur qu'elle a pour toy,
I'ay parlé pour moymesme, & pour cõbler mapeine,
L'aueu de mon amour vient d'allumer sa haine.

PATISITE.

Qu'auez-vous fait helas ! tout est perdu pour nous,
Mon interest n'est rien, & i'en suis peu jaloux.
C'est par là que le Sort contre vous se declare;
Chãgez, mon Frere, aimez cõme eust fait Tonaxare.

LE ROY.

Ie le voy bien, ton cœur n'a pas encor dompté
Les lâches mouuemens de sa timidité;
Que ie change, mon Frere, & par cette inconstance
Redouble des Persans la juste défiance!
Ie suiuray ma carriere, & i'iray jusqu'au bout;
Vn Roy doit tout oser, lors qu'il doit craindre tout;
C'est cette fermeté qui fait trembler l'enuie;
Ce n'est point en changeant qu'vn Roy se iustifie;
Dans l'estat où ie suis qui change est découuert,
Qui flate est soupçonné, qui se dément se perd.
Il faut absolument que i'obtienne Hesione;
I'ay tort d'auoir parlé voyant qu'on me soupçonne,
Mais i'ignorois le bruit qui met ton crime au jour,
Et n'osant maintenant démentir mon amour,
Puis qu'Hesione sçait le secret de mon ame,
Poussons jusques au bout l'audace de ma flame;
Ie suis Amant, mon Frere, autant qu'ambitieux,
Et l'Amour est pour moy le plus puissant des Dieux.

C'est pour luy, c'est par luy que ie seray Monarque:
Mais ce n'est pas assez d'en retenir la marque,
Ie veux l'estre, mon Frere ; en effet ie le suis,
Ie sens ce qu'vn Roy sent, ce qu'il peut ie le puis:
Assis dessus le Trône, orné d'vn Diademe,
Ie me sens éleuer au dessus de moy-méme;
Ie sens mon sang monter au dessus de mon sang;
Tout mon sort à mes yeux s'efface par mon rang;
Ie ne suis plus le faux, mais le vray Tonaxare,
Ie soûtiens tout l'éclat d'vn merite si rare,
Et comme de son nom ie me sens reuestu,
De toute sa grandeur, de toute sa vertu.
Apres m'auoir donné toute sa ressemblance,
Vous auriez tort, grãs Dieux, de m'oster sa puissãce;
Pour remplir mon destin, ie me veux oublier,
Et ie veux estre Roy pour vous iustifier.
Sous l'ombre d'vn si noble & si beau caractere,
Ay-je encor quelque trait qui te marque ton Frere?
Suis-je pas Roy de Perse?

PATISITE.

Oüy, vous l'estes, Seigneur;
Mais vous estes mon Frere, & c'est vn imposteur,

LE ROY.

Ah! si tu me crois tel, cesse de me connestre,
Cache ce que ie suis à ce que ie veux estre;
Accoustume tes yeux à tromper ta raison,
Et tâche d'oublier ma naissance & mon nom.
Plein de ce sentiment qui me cache à moy-méme,
Enflé de tout l'orgueil qu'inspire vn Diadéme,
Seul ie m'oppose aux traits des Hõmes & des Dieux:
Plus Roy, que iamais Roy ne parut à leurs yeux,
Qui m'osera traitter d'imposteur & de traistre,
Ou s'il l'ose penser, me le faire paraistre,

Voyant tout Tonaxare à mon front, à ma voix,
Et voyant dans ma main la foudre de nos Roys?
Allons, c'est trop longtẽps leur cacher ma personne,
Par cette fermeté qu'inspire la Couronne,
Ie veux faire trembler ceux qui m'approcheront,
Et confondre tous ceux qui me soupçonneront.
Mitrobate.

MITROBATE.

Seigneur.

LE ROY.

Allez en diligence
Publier qu'vn chacun peut auoir audience,
Et qu'indiferemment le Palais s'ouure à tous.
Fortune, desármé, ie me liure à tes coups,
Il faut en m'exposant, que ie me iustifie;
Plus vn Roy s'abandonne, & moins on s'en défie;
L'impudence elle seule a fait des innocens,
Et c'est le seul recours des crimes impuissans.

Fin du second Acte.

ACTE III.

SCENE PREMIERE.

MEGABISE seul.

I'Ay beau me déguiser, la Nature est trop forte,
Malgré tous mes sermens ma tendresse l'emporte:
Deuoir trop écouté, contre vn espoir si doux,
Beau zele pour mon Roy, ie ne suis plus à vous.
Quand ie voy qu'on s'appreste à perdre vn Fils que i'aime,
Quand ie me le figure auec vn Diadéme,
Tout mon sang reuolté contre tout mon deuoir
S'obstine à retenir vn si charmant espoir.
Ah! si le Ciel rendoit ce Fils à ma tendresse....
Mais d'où naist en mõ cœur cette prõpte allegresse?
Il vit, ce Fils qu'enfin le Ciel m'a redonné,
Oropaste est viuant, glorieux, couronné;
Mesme ce que pour luy vient m'offrir ma memoire,
Tout ce qu'il eut jadis d'innocence & de gloire,
M'ose presque asseurer qu'il regne auec honneur.
Mais regne-t'il ainsi, s'il regne en imposteur?
Dieux! si par quelque droit apparent, legitime,
Ie pouuois à mon zele excuser ce grand crime....

Dequoy te flates-tu, Pere trop malheureux?
Tu voudrois te tromper, tu crois ce que tu veux.
Quoy qu'il en soit, pressons cette reconnoissance;
Le sang & le deuoir brulent d'impatience;
Voyons si c'est mon Fils; si ie le puis sçauoir,
Ces clartez regleront le sang & le deuoir.
Mais Patisite vient; s'il s'obstine à se taire,
Ie sçay bien le moyen d'arracher ce mystere.

SCENE II.

MEGABISE, PATISITE.

MEGABISE.

MOn Fils, veux-tu toûjours te défier de moy,
Et m'oster la douceur d'estre Pere d'vn Roy?

PATISITE.

Voudriez-vous, Seigneur, d'vn Fils de qui l'audace
Du Prince legitime occuperoit la place?

MEGABISE.

Quoy, me veux-tu toûjours cacher ce grãd bõheur?

PATISITE.

Dois-je, pour vous tromper, confirmer cette erreur?
Seigneur, sauuez plutost Tonaxare & l'Empire;
On seme de faux bruits, & peut-estre on conspire.
Ie ne vous diray point en faueur d'vn grand Roy,
Qu'en prenant son party vous agissez pour moy,
Ie sçay que mes malheurs m'ostent vostre tendresse.

MEGABISE.

Et loin qu'en ta faueur mon zele s'interesse,
Tous tes crimes passez confirment nostre erreur,
Et pour vn Roy qui t'aime, inspirẽt mesme horreur;

Tu fais tous les malheurs dont le Ciel le menace.

PATISITE.

Moy?

MEGABISE.

Toy, qui fus toûjours l'opprobre de ma race,
Toy, qu'employa Cambise à ses lâches forfaits.
Quand on voit que le Roy t'accable de bienfaits,
Et qu'il trahit Darie, Araminte, Hesione;
Quand on voit qu'il te doit la vie & la Couronne,
Par ces dereglemens, tout l'Estat affligé,
Le croit pour son honneur plutost mort que changé.
Nomme ce sentiment, ou justice, ou furie;
On croit le Prince mort, quand il te doit la vie,
Et voyant qu'il te met si haut dans sa faueur,
Il passe aux yeux de tous pour vn vsurpateur;
Les honneurs qu'il te fait soüillent son innocence,
Et son sort est suspect, quand on voit ta puissance.
Pers l'espoir du secours que tu cherches en moy;
Le sang ne peut m'oster l'horreur que i'ay pour toy;
Quand vn cruel destin me priua de ton Frere,
Sçache qu'il m'enleua toute l'amour de Pere.

PATISITE.

Est-ce là le secours que i'osois esperer?

MEGABISE.

Est-ce le seul secours où tu dois aspirer?
Détruis tous les soupçõs qu'õt fait naître tes crimes;
Donne au rang que tu tiens des soutiens legitimes;
Rens-toy le digne appuy du grãd Roy des Persans;
Donne-luy, si tu peux, des conseils innocens.
Mais ie condamne en vain ta lâche politique,
Tu ne puis fuir les traits de la haine publique;
Et dût-on dans ta cheute enuelopper le Roy,
Qu'il perisse ce Fils trop indigne de moy;

Puis qu'vne aueugle ardeur vous lie & vous assẽble,
Tombez, tombez tous deux, & perissez ensemble.
bas. Il s'ébranle, acheuons. Tu changes de couleur;
Ce trouble te fait voir digne de ton malheur.

PATISITE.

Ie ne tremble, Seigneur, que pour vn Roy que i'aime,
Pour vn Roy qui vous est biẽ plus cher que vous méme.

MEGABISE.

Dis plutost pour vn Roy dont les déreglemens
Excitent contre luy tous ces grands mouuemens;
Pour vn Roy qui trahit & sa gloire, & l'Empire,
Pour vn Roy contre qui tout le monde conspire:
Ie viens t'en auertir, malgré l'amour du Roy,
Vn reste d'amitié m'interesse pour toy.

PATISITE.

Ah! Seigneur.

MEGABISE.

Tout est prest pour ce grand sacrifice.

PATISITE.

Permettrez-vous, Seigneur, que mon Frere perisse?

MEGABISE.

Ton Frere?

PATISITE.

Il faut enfin vous ouurir vn secret
Que depuis trop long-temps ie vous cache à regret;
Oüy ce Fils si chery, pour vous si plein de charmes,
Ce Fils dont le trépas vous couste tant de larmes,
Pour deuenir Monarque, est sorty du tombeau:
Perira-t'il, Seigneur, dans vn destin si beau?

MEGABISE.

Qu'entens-je, justes Dieux! Oropaste est en vie;
Et l'erreur de sa mort de tant d'heur est suiuie,
Que ie voy sur le Trône vn Fils que i'ay crû mort,

PATISITE.

Je ne puis vous cacher la gloire de son sort;
Et pour vous épargner vn sanglant parricide....

MEGABISE.

Mais quoy, dois je applaudir au crime d'vn perfide?
Lâche, par ce secret penses-tu m'éblouïr?
La peur t'a fait parler, & vient de te trahir.
En recouurant vn Fils, traistre, ie le confesse,
Je n'ay pû retenir ma joye & ma tendresse:
Mais en me le rendant, tu me rens mon effroy;
Si mon Fils n'est pas mort, qu'as-tu fait de mõ Roy?
Tu l'as donc immolé par l'ordre de Cambise,
Execrable instrument d'vne horrible entreprise,
Quoy, mon sang le bourreau d'vn sang si precieux?
Va, monstre de fureur, te cacher à mes yeux.

PATISITE.

Est-ce vn crime si grand que mon obeïssance?
L'ordre du Souuerain sauue nostre innocence;
Il demanda mon bras, i'ay dû le luy prester,
Et le crime à luy seul se doit tout imputer.

MEGABISE.

La volonté du Roy peut consacrer le crime;
Mais quand vn sang si pur doit estre sa victime,
Qui peut prester son bras à ce coup inhumain,
Doit lauer en mourant le crime de sa main:
Mais ton ame trop basse, au crime accoustumée,
De ces nobles deuoirs est trop mal informée.
Pour te venger d'vn Prince animé contre toy,
Tu suiuis tes fureurs plus que l'ordre du Roy:
Mais tu fais pis encor; pour te venger d'vn Frere,
Qui meritoit luy seul la tendresse de Pere,
Tu soüilles son merite en éleuant son rang,
Et corromps en ce Fils le plus pur de mon sang.

PATISITE.

Pour vn Fils couronné, pour sa reconnoissance,
Est-ce ainsi...

MEGABISE.

Ton trépas sera ta recompense.

SCENE III.

PATISITE, LE ROY, MEGABISE.

PATISITE.

AH! mon Frere, empeschez...

LE ROY *à Patisite.* *bas.*

Qu'oses-tu dire? O Dieux!
Qu'est-ce qui contre vn Fils vous rend si furieux,
Megabise?

MEGABISE.

Vn aueu dont l'horreur m'épouuante,
Qui rend son trépas juste, & ma rage innocente.

LE ROY.

Quel est donc cet aueu, Patisite?

PATISITE.

Seigneur...

LE ROY.

Parle, & surmonte enfin cette indigne frayeur.

MEGABISE.

Il vient de m'auoüer que vous estes son Frere,
Que Tonaxare est mort, que ie suis vostre Pere.

LE ROY.

Et Patisite aussi conspire contre moy?
Te répens, tu déja d'auoir seruy ton Roy?

Apres m'auoir sauué des fureurs de Cambise,
Oses-tu contre moy souleuer Megabise,
Et corrompre, en faueur de quelques factieux,
Vn bras dont i'attendois vn secours glorieux?
Monté dans vn haut rang par ma reconnoissance,
Veux-tu m'oster mõ nom, le Trône, & l'innocence?
Ie viens donc à propos, perfide, & ie voy bien
Que i'auois lieu de craindre vn si long entretien,
Et que ton Pere enfin auroit assez d'adresse
Pour sçauoir contre moy surprendre ta foiblesse,
Quelle fureur t'oblige à me traitter ainsi?
Parle, & rens sur ce poinct mon esprit éclaircy.

PATISITE.

Mon zele vous trahit, Seigneur, voyant vn Pere
Eclater contre vous auec tant de colere,
Et le voyant s'entendre auec nos ennemis,
I'ay voulu l'appaiser, en vous nommant son Fils:
I'ay crû l'interesser par vn deuoir si tendre,

LE ROY.

Et loin qu'à cet appas il se laisse surprendre,
Ie le voy, ce grand cœur, par vn noble transport,
Dessus son propre Fils vouloir venger ma mort.
Que ne te dois-je point pour vn zele si rare!
Embrasse, & reconnois ton amy Tonaxare.
Patisite, pour moy trop de peur t'a surpris;
Ton Pere m'aime assez sans passer pour son Fils;
Et sans le vain secours d'vne erreur volontaire,
Croy qu'il aime son Roy plus qu'il n'aima tõ Frere.

MEGABISE.

En vain ta fermeté m'étonne, & m'éblouït;
Patisite a parlé, sa crainte m'a tout dit;
Et ce nuage épais qu'oppose l'imposture,
Ne sçauroit te cacher aux yeux de la Nature:

Ie reconnoy mon sang, oüy mon Fils voit le jour,
Ce cher Fils qui jadis fut toute mon amour.
Helas! puis qu'à mes yeux le Destin te renuoye,
Pourquoy par ton forfait m'en ostes-tu la joye?
Que n'ay-je la douceur de voir reuiure vn Fils,
Innocent, glorieux, & tel qu'il fut jadis?
N'as-tu passé pour mort, que pour reuiure en traistre,
Et pour regner icy par la mort de ton Maistre?
Ton sort en perissant fut plus noble, & plus beau:
Sors du Trône, imposteur, & retourne au tombeau.

LE ROY.

Seigneur, quelques clartez que le sang vous inspire,
Quoy que dans sa frayeur il ait osé vous dire,
Ie pourrois m'obstiner à déguiser mon rang,
Passer pour le vray Roy, démentir vostre sang,
Et par ma fermeté vous forcer de me croire:
Mais ie suis vostre Fils, & i'en aime la gloire,
Et ie garde toüjours, malgré vostre couroux,
Vn respect qui me rend assez digne de vous.
Ie ne puis plus long-temps, dans vn cœur si sincere,
Souffrir la lâcheté d'auoir trompé mon Pere;
Et quoy qu'en me cachant ie puisse viure en Roy,
Ie ne veux point qu'vn Pere ignore que c'est moy.
Oüy, ie suis vostre Fils, ie ne puis m'en defendre;
Mais apres cet aueu, Seigneur, daignez m'entendre,
Apprenez par quel sort le Ciel m'a couronné,
Et ie rentre au tombeau, si i'y suis condamné.
Le Ciel m'ayant sauué de l'horrible auanture
Qui sous vn Pont brisé faisoit ma sepulture,
Et les soins d'vn Pasteur me retirant de l'eau,
Ie me vis par miracle échapé du tombeau.
D'abord pour vous tirer de cette erreur mortelle,
I'allois rendre ce Fils à l'amour paternelle,

Quand ie trouue mon Frere en qui soudain ie voy
Vn air sombre & meslé de tristesse & d'effroy.
Mõ Frere, en m'ẽbrassant; Dieux! (dit-il) quelle joye?
Cher Frere, se peut-il qu'encor ie te reuoye?
Là i'apprens aussi-tost que le Prince estoit mort
Par l'ordre de Cambise, & non par son effort;
Il me cache son crime, & m'inspire l'audace
De passer pour le Prince, & de remplir sa place.
Estant alors dans Bactre, éloigné de vos yeux,
Ie fus tenté de prendre vn nom si glorieux:
Mais mon cœur détestoit le crime & l'imposture.
Dans Bactre cependant tout le monde murmure,
On blâme la conduite & l'absence du Roy;
Ie passe pour son Frere, on vient s'offrir à moy,
On me met sur le Trône, & quoy que i'ose dire,
Malgré ma resistance, on m'attache à l'Empire.
Me voila Roy dãs Bactre, & pour remplir mõ sort,
I'apprens bien-tost apres que Cambise estoit mort.
Dans Suse, cõme à Bactre, on m'offre la Couronne:
Mais ce n'est pas assez, mon païs me la donne;
Ie suis Mede, Seigneur, & la Perse autrefois
Sujette à la Medie, a reconnu ses Loix?
Nostre Sceptre est son vol, & non son heritage;
Cyrus en dépoüilla nostre Prince Astiage;
Ie doy venger mõ Maistre, & reprẽdre aujourd'huy
Vn Empire vsurpé sur son Peuple, & sur luy.
Mais c'est peu, pour vẽger mon Maistre & ma patrie,
Que le sort m'ait donné le Sceptre de Medie,
La Perse a veu perir le dernier de ses Roys,
Attendrõs-nous, Seigneur, qu'õ fasse vn autre choix?
Semblable à Tonaxare, & sa parfaite image,
Le Ciel m'a-t'il en vain donné cet auantage?
Nostre rapport confond son sort auec le mien,
Et comme de son sort, i'herite de son bien.

Si sa Sœur apres luy peut encor y pretendre,
En luy donnant la main, ie m'offre à le luy rendre,
Et pretens deuenir par ce choix glorieux,
Juste enuers tout le mõde, & quitte enuers les Dieux,

MEGABISE.

Ah! sentimens meslez de joye & de murmure,
Qui vaincra de vous deux, ô deuoir! ô Nature!
Contre l'amour du sang, zele trop impuissant,
Ne m'importune plus, mon Fils est innocent.
Mon Fils, ie vois enfin quelle est ton innocence,
Et ie sens ma fureur perdre sa violence:
Mais Tonaxare est mort, ce grãd Prince n'est plus;
Ie voy dans le tombeau le reste de Cyrus,
Et quoy qu'auec honneur tu remplisses sa place,
Rien ne peut à mon zele excuser tant d'audace.

LE ROY.

Hé bien, suiuez l'ardeur d'vn zele si puissant,
Vengez vn Prince mort sur vn Fils innocent,
Mon Trône est mõ forfait, Seigneur, ie l'abãdonne;
Mais ie quitte la vie auecque la Couronne;
Il faut cesser de viure, en cessant d'estre Roy,
Ie pers tout sans le Trône, & tout est contre moy:
De toute autre grandeur la mienne indépendante
Ne craindroit en autruy qu'vne haine impuissante;
Mais ie consens qu'vn Pere ordonne de mon sort,
Et si vous le voulez, i'ay merité la mort.

MEGABISE.

Ah! mon Fils, c'en est trop, c'est trop de déference,
Tu dois à ta grandeur la vie & l'innocence;
Et si tu dois enfin ou regner, ou mourir,
Regne, & qu'vn si beau sort t'empesche de perir.
En descendant du Trône, & te faisant connaistre,
Garde-toy de me rendre & ton Iuge, & tõ Maistre,

Et m'assujettissant le sort d'vn Souuerain,
Dans vn Pere indulgent, crains vn zele inhumain.
Tout le sang de Cyrus est cher à ma memoire,
Dérobe à ma douleur & ta vie, & ta gloire,
Demeure sur le Trône, & gardant ton pouuoir,
Sauue-toy des fureurs d'vn barbare deuoir.

LE ROY.

Seigneur, ce digne aueu redouble mon courage,
Et ie ne dois rien craindre auec vostre suffrage.

MEGABISE.

I'admire ton grād cœur, mais plus i'en suis charmé,
Plus le péril d'vn Fils tient vn Pere alarmé.
Ie te voy sur le haut d'vn affreux precipice,
Où t'éleue du Sort l'infidelle caprice;
Ton destin est illustre, éclatant, glorieux,
Innocent enuers moy, sans crime enuers les Dieux:
Mais voy quelles terreurs ébranlent ta puissance,
Tout le monde déja te croit sans innocence.
Peux-tu dans cet estat regner sans quelque effroy?
Qui se croit imposteur, peut-il se croire Roy?
La plus haute fortune est de mauuais augure,
Quand ie la voy meslée auecque l'imposture;
Cette ombre seulement soüille la Royauté,
Et ces déguisemens corrompent sa fierté.
Tu me vantes en vain vn regne legitime;
Ton Trône me paroist sur le bord d'vn abysme,
La seule ressemblance, vne erreur seulement,
En est tout le soustien, l'espoir, le fondement;
Si tu le veux garder, ie le voy qu'il chancele;
Si tu l'oses quitter, ta retraitte est mortelle;
Incertain quel des deux tu te dois épargner,
Ou l'affront de tomber, ou l'horreur de regner.
Peux-tu dans cet estat répondre de toy-méme?

LE ROY.

Ie répons de mon cœur dans ce péril extréme;
Et s'il y faut périr par la haine des Dieux,
Ie trouue sur le Trône vn tombeau glorieux.
Mais pourquoy s'alarmer d'vne vaine chimere?
C'est assez pour regner d'auoir l'aueu d'vn Pere;
De tout ce qui sembloit effroyable pour nous,
Ie ne craignois, Seigneur, que vostre seul couroux;
Ie crains peu maintenant & Darie, & Zopire;
Soit interest d'amour, ou zele pour l'Empire,
Ils peuuent conceuoir des soupçons contre moy;
Mais la peur d'immoler leur legitime Roy,
Ne peut, sans le secours de vostre intelligence,
Démesler leur vray Roy d'auec sa ressemblance.
Prexaspe est seul à craindre, il sçait tout le secret,
Et ie crains les effets d'vn remords indiscret;
Ie viens de voir ce lâche abandonner son ame
Au trouble dangereux d'vn repentir infame:
Pour empescher l'effet que i'en puis redouter,
En secret, & sans bruit, ie l'ay fait arrester;
Ie ne puis autrement le forcer au silence;
Mais ie me rens suspect par cette violence:
Vous qui sur son esprit auez quelque pouuoir,
Par des moyens plus doux, calmez son desespoir.

MEGABISE.

Ne crains rien, ie sçauray te le rendre fidelle,
Et tu verras bien-tost les effets de mon zele.
Adieu. Vis en Monarque, & regne sans effroy,

LE ROY.

Ie vous répons de tout, si Prexaspe est pour moy.

SCENE IV.

LE ROY, PATISITE.

LE ROY.

HE' bien, mon Frere, voy ce que peut le courage,
C'est à luy que ie dois ce dernier auantage;
I'ay conuaincu mon Pere, & par ma fermeté
I'ay reparé l'effet de ma timidité.
Enfin tout est pour moy, ie n'ay plus rien à craindre:
Toy, banny ces frayeurs dõt i'ay lieu de me plaindre,
Et songe, si ta peur allarme encor ton Roy,
Qu'il peut tout hazarder, pour regner sans effroy.

PATISITE.

Non, non, ne craignez rien, cette peur criminelle,
Ce remors qui me rend à moy-mesme infidelle,
Ne sera desormais qu'vn remors impuissant,
Puis que vostre vertu rend mon crime innocent.
Mon Pere estant pour nous, ie n'ay plus rien à dire,
Reglez à vostre gré vos vœux, & vostre Empire;
Vous pouuez tout oser auec tant de vertu.

LE ROY.

Mais d'vn trouble eternel mon cœur est combatu.
I'aime, & plus que le Trône Hesione m'est chere;
Si i'ose icy regner, ie passe pour son Frere;
Ie ne puis l'obtenir, à moins que d'estre Roy,
Et cette erreur pour elle, est vn crime pour moy.
Ie te diray bien plus, dans mon ardeur extréme,
Ie sens quelque remors à tromper ce que i'aime?
Et fussay-je en estat de remplir mes desirs,
Auray-je quelque gloire à voler ses soupirs?

Injuste vsurpateur du cœur de ma Princesse,
C'est sous le nom d'autruy que i'auray sa tendresse;
Et l'adorant toûjours, sans espoir de retour,
I'auray tout ce que i'aime, & non pas son amour.

PATISITE.

Loin de vous attacher à cet amour extréme,
Etouffez ces ardeurs, cachez les à vous-méme.

LE ROY.

Ie puis bien conseruer le titre d'imposteur,
Mais non pas démentir l'aueu de mon ardeur;
Ce seroit détromper l'Estat, & ma Princesse,
Ma flâme est trop connuë, il faut qu'elle paraisse.
Elle vient; Laissez-nous.

SCENE VI.

LE ROY, HESIONE.

LE ROY.

VEnez, venez, ma Sœur,
Par vostre injuste haine acheuer mon malheur.
Vn bruit qu'ont répandu la fureur, & l'enuie,
Attaque insolemment & mon Trône, & ma vie;
Ioignez à ces soupçons qu'on seme dans ma Cour
Tous ceux que vous inspire vn malheureux amour.

HESIONE.

Helas; c'est cet amour, c'est luy seul qu'il faut craindre,
C'est de luy seul, Seigneur, que vo⁹ deuez vo⁹ plaindre;
Si cet amour paroist, tout est perdu pour vous;
Ie le cache auec soin aux yeux de vos jaloux,

N'aigrissez pas vos maux par la haine mortelle
Que va jetter sur vous cette ardeur criminelle;
Souffrez à mon Amant ces innocens desirs.

LE ROY

Quoy ma Sœur, quoy Darie, aura tous vos soûpirs?

HESIONE.

Ie songe à le sauuer, aussi bien que mon Frere.

LE ROY.

Faites donc pour ma vie vn effort necessaire,
Cruel à vostre amour, mais dont l'illustre éclat
Ne laisse aucun pretexte à troubler cet Estat.
On confond mon destin auec celuy d'vn autre,
Et l'on ne peut iamais vous contester le vostre;
L'erreur qu'on a semée a dequoy me trahir,
Mais sans incertitude on vous doit obeïr.
Le Peuple préuenu d'vne erreur indiscrette,
S'ébranle par la peur de vous laisser Sujette;
Et perdra le respect pour le Trône, & pour moy,
S'il n'y voit ce qu'il croit, le seul sang de son Roy.

HESIONE.

Seigneur, dites plutost que cette horrible inceste
Va confirmer à tous vn soupçon si funeste;
Et qu'vn Prince noircy de ce crime odieux
Armeroit contre luy les Hommes, & les Dieux.

LE ROY.

Quel crime d'imiter l'exemple de Cambise,
Que la Coustume approuue, & le Trône authorise?

HESIONE.

L'exemple de Cambise est trop blâmé de tous,
Pour en faire à ce crime vn exemple pour vous.

LE ROY.

Il est vray, chere Sœur, ie le blâmay moy-méme:
Mais las! si vous m'aimiez autant que ie vous aime,

Vous vous troubleriez moins d'vn si doux sentiment?
I'en fus vn peu surpris dans son commencement;
Ie ne sçay quoy d'abord s'éleua dans mon ame,
Qui s'opposoit aux nős d'hymen, d'amour, de flame;
A vous les adresser ie sentois quelque horreur:
Mais la raison bien-tost dissipa cette erreur;
L'opinion l'enfante, & non pas la Nature,
Laissez dessus le Peuple agir son imposture;
Vous, ma Sœur, dissipez ce foible sentiment:
Qu'ay-je d'incompatible auec le nom d'Amant?
Si le nœud de l'amour est dans la ressemblance,
Si c'est l'égalité des mœurs de la naissance,
Qui des parfaits Amans fait toute la douceur,
Où la trouue-t'ő mieux qu'entre vn Frere & sa Sœur?
Si le Ciel par le nœud de l'amour fraternelle
A mis entre nous deux vne vnion si belle,
Nos sentimens sont-ils diferents à ce poinct,
Que vous trouuiez vn crime où ie n'en trouue point?
Ah! qu'il est doux d'aimer, quand vne flame pure
Seconde les transports qu'inspire la Nature!
Que l'étreinte en amour est forte, alors qu'vn cœur
Trouue en vn mesme objet, & sa Femme, & sa Sœur!
Tournez y vostre esprit, de l'ardeur pour vn Frere
A celle que ie veux, on n'a qu'vn pas à faire;
Ce pas vous mene au Trône, & vous fera gouster..

HESIONE.

Ah! c'est trop me contraindre, & trop vous écouter,
Quoy qu'icy la coustume authorise ces flames,
L'idée en est toûjours horrible aux belles ames;
Et lors que ie vous vois en surmonter l'horreur,
Mille soupçons mortels s'emparent de mon cœur.

LE ROY.

Puis que par mon amour vostre courroux redouble,
Ie laisse à la raison à dissiper ce trouble;

Vostre amour pour Darie a trop d'emportement,
Et le temps calmera ce premier mouuement.

HESIONE *seule*.

Va, plutost que souffrir ces ardeurs criminelles,
Entrez dedans mon cœur, inimitiez mortelles.
Mes trop justes soupçons i'en crois vostre rapport,
Oropaste est viuant, & Tonaxare est mort;
Vn traistre a pris sa place, & i'entens la Nature
Murmurer dans mon cœur contre cette imposture,
Et m'oser reprocher, pour comble de mes maux,
D'auoir sous sa figure embrassé ses Bourreaux.
Mortel ressentiment d'vne mortelle offence,
Seche mes pleurs, il faut courir à la vengeance.

SCENE VI.

DARIE, HESIONE.

DARIE.

Madame, qu'auez-vous?

HESIONE.

Ah! Prince, ma douleur
Vous éclaircit assez de tout nostre malheur.

DARIE.

Le Roy s'obstine-t'il à trahir nostre flame?

HESIONE.

Tant de rage & d'effroy s'est saisi de mon ame....
Mais ce lieu m'est suspect, il faut se ménager;
Suiuez-moy, Prince, il faut mourir, ou nous venger.

Fin du troisiéme Acte.

ACTE IV.

SCENE PREMIERE.

MEGABISE, PATISITE.

MEGABISE.

IE doy te l'auoüer, sa passion m'étonne;
Mais ton Frere peut tout, s'il épouse Hesione;
Il pourroit se trahir, s'il démentoit son choix,
Et se rend moins suspect, en imitant nos Roys.

PATISITE.

On s'en plaint hautement sur cette conjecture.

MEGABISE.

Non, non, c'est assez bas que la Cour en murmure,

PATISITE.

On se cache, & par là bien loin d'estre asseuré,
Craignez....

MEGABISE.

Hé quoy, toûjours tremblant, desesperé?
Augure mieux d'vn Roy qui peut regner sans crime,
Dont la vertu s'est fait vn Trône legitime;
Cache à mes yeux vn trouble à sa gloire mortel;
Quand ie voy tes frayeurs, ie le croy criminel;

Tes remors vont parler contre ſon innocence,
Et le rendre ſuſpect d'vne injuſte puiſſance.
Ne crains plus ſon amour, & ne t'alarme poipt,
Mon Fils, & le feu Roy, s'accordent en ce poinct;
Plus vn Prince entreprend, & moins on le ſoupçõne;
Il ſeroit moins hardy, s'il voloit la Couronne:
Mais changer ſes Amis, ſa Maiſtreſſe, & les Loix,
Oſer aimer ſa Sœur, il n'appartient qu'aux Roys.

PATISITE.

Mais aigry de ce choix, l'impetueux Darie,
Ioignant à ces ſoupçons la jalouſe furie,
Suiura tous les tranſports d'vn amour mal-traitté:
Mon Frere cependant ſe croit en ſeureté,
Et croit de ſon orgueil l'audace aſſez heureuſe....

MEGABISE.

Cette fierté me plaiſt, mais elle eſt dangereuſe.
Ie viens de voir Darie, & i'ay veu qu'auec moy
Il tâche à déguiſer ce qu'il penſe du Roy:
Par ces déguiſemens ie voy ſa défiance,
Et voyant ſes ſoupçons, ie crains ſa violence;
Darie a des tranſports qu'on ne peut ſurmonter,
Auertis-en ton Frere, il le faut arreſter.

PATISITE

Il paroiſt, mais il parle à la Sœur de Darie.

MEGABISE.

Fais-luy voir vn peril qui menace ſa vie;
Et s'il perd trop de temps dans vn long entretien,
Oſe tout ſans ſon ordre, & ne ménage rien.

SCENE II.

LE ROY, ARAMINTE.

LE ROY.

HE' bien, declarez-vous ma mortelle ennemie;
Triomphez d'vn Amant suspect de perfidie,
Et d'vn Roy malheureux qu'on traitte d'imposteur.

ARAMINTE.

Dites plutost d'vn Prince amoureux de sa Sœur;
Le Ciel ne me sçauroit offrir vne vengeance
Pareille au chastiment qui suit vostre inconstance.
Quoy que suspect à tous, vn soupçon si honteux
Vous fait moins d'ennemis que l'horreur de vos feux;
C'est de vos trahisons la digne recompense,
Le crime suit le crime, & la peine l'offence.

LE ROY.

Cet amour supposé vous venge foiblement:
I'ose épouser ma Sœur, sans estre son Amant;
Et si vostre belle ame à la vengeance aspire,
C'est icy qu'elle doit joüir de mon martire:
Pour le bien de l'Estat, deuenant son Epoux,
Ie ne pers pas l'ardeur que i'eus toûjours pour vous;
Esclaue d'vn deuoir qui m'emporte vers elle,
Mais plus esclaue encor de mon amour fidelle,
Tonaxare en secret plein de trouble & d'effroy,
Desauouë & dément tout ce que fait le Roy.
Voila quel est mon sort.

ARAMINTE.

Quoy, Seigneur, quelle marque
Doit icy separer mon Amant d'vn Monarque;

Et quel deuoir du Trône a donc pû vous charmer,
Iusqu'à le preferer à celuy de m'aimer?
Cette gloire autrefois vous parut sans seconde,
Ie valois à vos yeux tous les Sceptres du Monde;
Et si-tost qu'on vous voit sur le Trône des Roys,
Mon choix perd son merite, & mõ amour ses droits.
Est-ce que vos grandeurs vous ostent la memoire?
Est-ce que mon amour fait tort à vostre gloire?
Mon alliance est-elle indigne de ce rang,
Et regner est-ce trop pour celles de mon sang?

LE ROY.

Non, & sans regarder ce que le sang vous donne,
Le Ciel, ou mon amour, vous doit vne Couronne;
Et si par des faux bruits vn Démon trop jaloux,
Me veut oster vn rang que ie garde pour vous,
Voulant vous faire part de ce pouuoir supréme,
I'épouseray ma Sœur en dépit de moy-méme;
Son suffrage, & sa main, asseurent mon pouuoir.
Voyez à quels efforts m'oblige ce deuoir,
Voyez jusques où va la contrainte mortelle
Que l'amour, & la gloire, exigent de mon zele.
Pour l'Estat, & pour vous, ie surmonte l'horreur
Que ie sens en secret pour l'hymen d'vne Sœur:
Mais si l'Estat m'oblige à l'hymen d'Hesione,
Mon cœur vous est acquis plutost qu'à la Couronne;
Si vous m'aimez, ie veux donner en mesme jour
Hesione à l'Estat, & vous à mon amour;
Souffrez vn double hymen que la Perse authorise,
Que mon amour vous place au Trône de Cambise,
Et que ie puisse assis entre vous & ma Sœur
Luy donner vne main, à vous l'autre, & le cœur,

ARAMINTE.

Ah! que ce sentiment tient peu du caractere
Du Prince genereux, & de l'Amant sincere!

Princesse, ouure les yeux, & connoy ton malheur;
Va, perfide...

LE ROY.

Acheuez, & dites imposteur:
Auec mes ennemis soyez d'intelligence;
Appuyez vn faux bruit qui sert vostre vengeance.
Ne connoissez-vous plus cet Amant plein d'ardeur?

ARAMINTE.

Que n'est-il à mes yeux ce qu'il est à mon cœur!
Mais qu'est-il deuenu, cet Amant si fidelle?

LE ROY.

Vous laissez-vous surprẽdre à cette erreur mortelle?
Helas! si vous m'aimiez, vous me cõnoistriez mieux;
Le changement du cœur a passé jusqu'aux yeux;
L'interest de Darie a corrompu vostre ame.

ARAMINTE.

Non, non, ingrat, mon cœur garde toute sa flame;
Et quand tous vos amis osent vous soupçonner,
Rien ne peut m'obliger à vous abandonner.

LE ROY.

Qui sont-ils ces amis?

ARAMINTE.

Ce n'est pas pour vous plaire
Que ie viens vous donner vn auis necessaire,
Ny pour reprendre vn cœur que ie n'estime plus:
Je donne cet auis au sang du grand Cyrus;
Pour luy seul ie trahis Itapherne, Zopire,
Hesione, mon Frere, & peut-estre l'Empire.

LE ROY.

Que dites-vous, Princesse?

ARAMINTE.

Ils jurent vostre mort;
Gobrias, Otanés, secondent leur effort;

Et ce zele aueuglant bientost vn plus grãd nombre,
Leur va faire immoler Tonaxare à son ombre.
Ingrat, songez à vous ; mais sans vous emporter,
C'est pour vous seulement qu'ils osent attenter;
Ils seruent Tonaxare, & n'en veulent qu'au Mage.
Quand ie vous auertis, malgré ce grand outrage,
Iugez si ce party fut indigne d'vn Roy,
Et qui l'a mieux seruy, d'Hesione, ou de moy.

SCENE III.

LE ROY seul.

QV'est-ce cy, d'où me vient cet auis salutaire?
Est-ce amour, est-ce haine, est-ce zele, ou colere?
Est-ce pour m'auertir, est-ce pour m'alarmer?
Ie connoy son grand cœur, i'en doy tout presumer.
Si cet auis est vray, quel conseil faut-il prendre?
Les preuenir, s'armer : Non, il faut les attendre;
Si i'ay trompé des yeux par l'amour éclairez,
Seul ie puis ébloüir les yeux des conjurez:
Ils aiment leur vray Roy, s'ils haïssent le Mage.
Cache-toy dans toy-mesme, & dessous son image,
Et sans rien redouter, ne songe qu'à regner.
Sans doute que le Ciel resout de t'épargner;
La Sœur vient t'auertir, lors que le Frere attente;
Pousse donc viste au port ta fortune flotante.
Cessez enfin, grãds Dieux, de douter de mes droicts;
Le Sort, & la Vertu, peuuent faire des Roys;
Le premier me couronne en dépit de moy-méme,
Et l'autre m'a rendu digne du Diadéme.

Par des titres si beaux, conseruant mon pouuoir,
Dieux, ne m'alarmez plus, faites vostre deuoir.

SCENE IV.

MITROBATE, LE ROY, HESIONE.

MITROBATE.

LA Princesse...

LE ROY.

Qu'elle entre. Heureuse ressemblance,
Seule soûtiens icy toute mon esperance.
Mitrobate, sortez.

HESIONE *bas.*

Tâchons adroitement
De donner plus de jour à mon ressentiment.

LE ROY.

Ma Sœur, de toutes parts le bruit se fortifie,
Que dans Bactre le Roy me fit oster la vie;
Et que par Patisite, en mon lieu supposé,
Son Frere regne icy sur vn peuple abusé.
Quelque rapport de voix, de taille, & de visage,
Qu'on trouuoit entre nous auant la mort du Mage,
Appuyent ces faux bruits, qu'en expirant, le Roy,
Pour me perdre aujourd'huy, fit semer contre moy.
Déja mes ennemis croyant cette auanture,
Sur l'Hymen que ie presse augmentent le murmure.
Dans vn si grand peril qui menace mes jours,
Vostre zele vient-il m'apporter du secours?
I'ay besoin de conseil, & soupçonnant tout autre,
Sur ce sujet, ma Sœur, ie ne veux que le vostre.

HESIONE.

Il vous faut vn conseil dans cette extremité
Plein de prudence autant que de fidelité;
Et l'esprit d'vne Fille a sur cette matiere
Trop peu d'experience, & trop peu de lumiere.
Ie venois seulement vous offrir sur ce bruit,
Ce qui dépend d'vn zele ardent, & mal instruit:
Mais enfin s'il s'agit de vos jours, de l'Empire,
Pour en déliberer, faites venir Zopire,
Anaxandre, Itapherne, Otanés, Gobrias...

LE ROY.

Darie, & ceux encor qui luy prestent leurs bras;
Qu'ils viennent tous fumans de rage & de colere
Faire choir à vos pieds le sang de vostre Frere.
Vous l'auez resolu, vous-mesme.

HESIONE.

Moy, Seigneur?

LE ROY.

Oüy vousméme, Princesse: oüy vousméme, ma Sœur,
C'est là vostre dessein, & ie veux bien le suiure;
Qui ne sçait pas mourir, est indigne de viure;
Et ce n'est pas sçauoir mourir quand il le faut,
Lors que les Dieux ont mis nostre destin si haut,
Qu'il faut pour s'asseurer, par vn trait de furie,
D'vn deluge de sang innonder sa patrie.
Ma Sœur, quand tout le monde à nous nuire est d'a-
Qui veut viure à ce prix, a merité la mort. [cord,
Perisse vn sang fatal au salut de l'Empire.
Gardes, faites venir Itapherne, Zopire,
Anaxandre, Darie, Otanés, Gobrias,
Et quiconque auec eux a juré mon trépas.

HESIONE.

Ah! Gardes, arrestez, ie reconnoy mon Frere,
Pardonnez mon erreur, ie ne puis vous le taire:

Darie, & ceux encor que vous auez nommez,
Pour venger vostre mort, contre vous sont armez:
Ils attendent mon ordre, & de nouueaux indices,
Mais ie condamne enfin ma haine, & ses cõplices.

LE ROY.

Ie crains peu tous les traits de leur foible couroux;
Vous estes seule à craindre, & ie ne crains que vous;
Vous estes ma Princesse, & toute ma puissance
Seroit contre vos traits sans force, & sans defense.
Quittez, quittez enfin le soin de m'épargner;
Que m'importe, ma Sœur, de viure & de regner,
Si ie perds tout l'espoir de mon amour extréme,
Et si ie suis hay parce que ie vous aime?

HESIONE.

Ie ne hay rien en vous que cette injuste ardeur,
Et que ce nom affreux d'Amant de vostre Sœur:
I'aimerois ce beau feu de tout autre qu'vn Frere;
Changez, changez de nom, si vous me voulez plaire.
Fussiez-vous, Oropaste, à la place du Roy,
Ie croirois cette ardeur moins honteuse pour moy:
Oropaste autrefois eut toute mon estime,
Et de pareils Heros peuuent m'aimer sans crime:
Mais mon Frere luy-mesme...

LE ROY.

Ah! Princesse,

HESIONE.

Ah! Seigneur.

LE ROY.

Que ne suis-je Oropaste auec tant de bonheur!

HESIONE.

Ah! que ne pouuez-vous cesser d'estre mon Frere!

LE ROY.

Peut-estre que ie suis cet Amant temeraire;
Oüy, sans doute, Princesse...

HESIONE.

Ah! s'il est vray, grands Dieux...

LE ROY.

Ah! ie vous voy fremir de ce nom odieux:
Ie suis toûjours hay, quelque nom que ie prenne;
N'en est-il point qui puisse adoucir vostre haine?
De grace, apprenez-moy, malgré tant de couroux,
Ce qu'il faut que ie sois pour estre aimé de vous.
Songez à mon amour plutost qu'à me connestre;
C'est vostre Amant, voila tout ce que ie veux estre.
Que s'il faut que mon sort suiue enfin vostre choix,
Examinez cet air, ces yeux, & cette voix.

HESIONE.

Tels les eurent toûjours, Oropaste, & mon Frere.

LE ROY.

Malgré nostre rapport, le choix s'en pouuoit faire,
Et iamais on n'a veu deux Hommes sous les Cieux...
Mais vous fermez l'oreille, & détournez les yeux.

HESIONE.

Si vous voyãt tous deux, on a pris l'vn pour l'autre,
Puis-je, n'en voyant qu'vn, sçauoir si c'est le nostre,
Et le connoistre, apres que i'ay durant six mois
Si bien accoustumé son visage & sa voix,
Que quand ils auroiẽt eu bien moins de ressẽblance,
Mes sens n'en pouroient plus faire la diference?
Aussi ie ne veux plus sur ce discernement
De mes sens ébloüis suiure le jugement;
Ie détourne l'oreille, & fermant la paupiere,
I'abandonne mon ame à sa propre lumiere:
Il faut pour s'éclaircir dans cette sombre erreur,
En chercher les clartez au fond de vostre cœur,
Et fuyant du dehors la trompeuse apparence,
Sur ses diuersitez en voir la diference.

LE ROY.

Ah! Princesse, s'il faut vous regler là-dessus...

HESIONE.

Ie connoistray bien-tost que mon Frere n'est plus.
Darie est mal-traitté, sa Sœur abandonnée,
On me parle aujourd'huy d'amour, & d'hymenée;
Ces traits auec mon Frere ont-ils quelque rapport
Qui m'ayent pû jusqu'icy faire ignorer sa mort,
Et caresser au lieu d'vn si rare merite,
L'Amy, le Protecteur, le sang de Patisite?
Ah! d'vn Frere si cher, fantôme injurieux,
Qui veux porter au cœur l'imposture des yeux,
Penses-tu que ce cœur instruit par la Nature,
Au lieu de Tonaxare, embrasse sa figure?
Perfide, il te falloit d'vn faux nom reuestu,
De qui tu pris le nom, prendre aussi la vertu,
Et faire dans ton sein, en égorgeant mon Frere,
Couler l'illustre sang que la Perse reuere.
O Cyrus, ie connois le destin de ton Fils,
I'ay trouué ses bourreaux; aux armes, mes Amis,
Il faut venger vn Frere, & recouurer l'Empire.

LE ROY.

Arreste, à ce grand coup tu peux seule suffire:
Si tu me crois encore vn fourbe, vn imposteur,
Prens-toy mesme ce fer, & me perce le cœur.

HESIONE.

En vain pour m'éblouir encore auec ta feinte,
Tu te pares icy d'vne vertu contrainte;
Donne, donne ce fer, & comme sa grandeur,
Prens du vray Tonaxare & la force, & le cœur,
Pour receuoir icy, sans manquer d'asseurance,
De tes lâches forfaits la juste recompense.
Meurs.

LE ROY.

Frape, parricide.

HESIONE.

Helas! mon Frere, helas!
Que me laissiez-vous faire!

LE ROY.

Acheue, vois-tu pas
Que c'est vn fourbe à qui s'adressent tes caresses?

HESIONE.

Ne vous dérobez plus, mon Frere, à mes tendresses;
Apres ce que i'ay fait pour m'asseurer de vous,
Ie vous connois assez, pour vous montrer à tous.

LE ROY.

I'attens de vostre zele vn secours plus vtile;
Epargnez-nous le sang d'vne guerre ciuile;
Ie voy des mécontens, qui ne quitteront pas
Ce pretexte à pouuoir souleuer nos Estats,
Si quelque grand effet, sceu de toute la Terre,
Ne leur oste l'espoir de me faire la guerre:
Ce coup depend de vous.

HESIONE.

Daignez le proposer,
Seigneur, que faut-il faire?

LE ROY.

Il me faut épouser:
Nul ne me pourra plus disputer la Couronne,
Quand ie seray le Frere, & l'Epoux d'Hesione;
Cet Hymen que i'auois prudemment projetté,
Deuient par mon malheur vne necessité.

HESIONE.

Nul malheur n'a rendu cet Hymen necessaire;
On ne doutera plus que vous estes mon Frere,
Quand Prexaspe en public exposant vostre sort,
I'iray par mon hommage appuyer son rapport.

SCENE V.

HESIONE, LE ROY, CLEONE.

CLEONE.

MAdame secourez le malheureux Darie;
Dans vostre Chābre mesme on attēte à sa vie.

HESIONE.

Qui?

CLEONE.

Les Gardes du Roy.

HESIONE.

Vos Gardes? Ah! Seigneur.

LE ROY.

Ma Sœur, c'est sans mon ordre, empeschons ce mal-[heur:
Dis-moy qui les conduit.

CLEONE.

Seigneur, c'est Patisite.

SCENE VI.

MEGABISE, PATISITE, LE ROY, HESIONE, CLEONE.

MEGABISE.

SEigneur, i'entre sans ordre, & mon zele m'inuite
A vous donner auis du plus noir attentat
Que la rage ait iamais formé contre vn Estat.

Mon Fils, sans diferer, craignant quelque surprise,
Sans ordre a fait choisir le Chef de l'entreprise,
Et l'on doit l'amener à Vostre Majesté
Pour receuoir le prix de sa temerité.

HESIONE.

Quel est ce criminel?

PATISITE.

C'est Darie, & le traistre
A quelque compagnon que vous pouuez connaistre.

HESIONE.

Si vous le connoissez, pour preuenir ses coups,
Pourquoy, sans diferer, ne le saisissez-vous?

PATISITE.

Vous en souffririez trop.

HESIONE.

Moy?

PATISITE.

Vous.

HESIONE.

Quelle impudence!
Ie ne m'étonne plus, voyant tant d'insolence,
Si vostre nouueau regne a dans si peu de temps
Sous vn tel Fauory fait tant de mécontens:
Si chez moy sans respect il attaque Darie,
Qui pourra desormais éuiter sa furie?

PATISITE.

Nul de ceux qui voudront assassiner le Roy.

LE ROY.

Patisite...

PATISITE.

Seigneur, si l'on s'en prend à moy,
C'est par le seul chagrin de voir que vostre vie
Peut brauer par mes soins les fureurs de l'enuie,

Pourquoy diſſimuler vn ſi noir attentat?
Flater ce parricide eſt vn crime d'Eſtat;
Sa rage....

HESIONE.

Ah! c'en eſt trop, vous connoiſſez l'offence;
Seigneur, c'eſt voſtre Sœur qui demãde vengeance.

LE ROY.

Son zele a fait ſon crime, excuſez-en l'ardeur.

HESIONE.

Eſt-ce zele enuers vous d'outrager voſtre Sœur?
Cleone a dit l'affront, vous en voyez la ſuite;
L'outrage à voſtre Sœur venant de Pariſite,
Eſt tel, que pour lauer vn affront de ce rang,
L'infame qui l'a fait, n'a pas aſſez de ſang.

LE ROY.

Pour s'emporter ſi fort, l'injure eſt bien legere.

HESIONE.

S'en émouuoir ſi peu, c'eſt eſtre mauuais Frere:
En foule mes ſoupçons reuiennent dans mon cœur.

LE ROY.

Encore des ſoupçons? Ah! c'en eſt trop, ma Sœur.

HESIONE.

Montrez ſi ie la ſuis en vengeant mon injure:
C'eſt maintenant qu'il faut que parle la Nature;
Sa voix doit m'éclaircir de cette trahiſon;
Il faut ou le deffendre, ou m'en faire raiſon,
Et ie rends grace au Sort, qui vous rend neceſſaire,
De paroiſtre à nos yeux, ou ſon Frere, ou mõ Frere.

LE ROY.

Quoy, ſi ie l'abandonne à voſtre cruauté,
Connoiſtrez-vous vn Frere à cette lâcheté?
Dois-je tant de rigueur à qui ie doy la vie,
Quand mon Frere ordonna qu'elle me fut rauie?

HESIONE.

Vous l'en auez payé, s'il fit lors son deuoir:
Mais c'est trop l'epargner, & trop peu s'émouuoir;
Depuis son insolence, vn veritable Frere
Auroit porté cent coups au sein du temeraire.
Va, nous ne sommes point sortis d'vn mesme flanc:
On le voit aussi-tost qu'on fait tort au bon sang,
Dans toute la maison, comme de veine en veine,
Répandre auec l'affront, la vengeance, & la haine.
Ie te vois insensible au trait qu'il m'a lancé,
Et i'ay plus à venger que ie n'auois pensé.

LE ROY.

Ah! c'en est trop enfin, ma patience est lasse;
Ie flate qui s'abuse, & non pas qui menace.
Il est temps de montrer que ie suis vostre Roy,
Et puis que vous osez vous défier de moy,
Gardez à vostre tour que ie ne vous soupçonne;
Vous pouuez apres moy pretendre à la Couronne;
Vous, & vostre Darie...

PATISITE.

Il n'en faut plus douter;
C'est leur ambition qui les fait attenter.

LE ROY.

Ah! ce n'est pas de vous que ie le veux apprendre:
Rentrez dans le respect que vous deuez luy rendre.
Non pour trop déferer à son injuste erreur,
Mais pour me contenter, ie vous liure à ma Sœur;
à Hes. Vous-mesme faites-vous raison de son injure.

MEGABISE.

Que faites vous, Seigneur? Ah! fatale auanture.
Seigneur, liurer mon Fils, le liurer au trépas,
Pour auoir préuenu de si noirs attentats?
N'imputez qu'à moy seul tout ce qu'il viêt de faire.

LE ROY.

On pardonne à vostre âge vn zele temeraire.

MEGABISE.

Ah! plutost pardonnez l'ardeur qui l'a trahy.
bas. Auez-vous oublié?

LE ROY.

Ie veux estre obey:
Qu'on ne m'ẽ parle plus. Vous, deliurez Darie, *à Meg.*
Ce sera vostre peine; & s'il a quelque enuie
De m'attaquer encor apres ce traittement,
Il verra que ie suis juste autant que clement.

SCENE II.

HESIONE, LE ROY, PATISITE.

HESIONE.

Apres ce traittement, ie répons de Darie.

MEGABISE.

Quoy, Seigneur, me liurer aux traits de sa furie?
Si vous m'abandonnez, où sera mon espoir?

LE ROY.

Adieu, ma Sœur.

PATISITE.

Seigneur ...

LE ROY *aux Gardes.*

Faites vostre deuoir.

PATISITE.

Seigneur.....

LE ROY.

Suiuez.

PATISITE.

Ah! lâche, abandonner ton Frere,

LE ROY *bas à Patisite.*

Que dis-tu, malheureux?

PATISITE.

Eclate, ma colere;
Acheuons, puis qu'enfin le mot en est lâché.
Oüy, Madame, apprenez ce qu'il vous tient caché;
Si par ses lâchetez ie doy cesser de viure,
Ie veux que cet ingrat soit forcé de me suiure:
Ie l'ay mis sur le Trône, & ma main l'a fait Roy;
Mais il faut qu'il en sorte, & qu'il tombe auec moy:
Sçachez donc mon destin, & celuy d'vn perfide,
Il est vn imposteur, ie suis vn parricide.

LE ROY.

Ah! lâche.

PATISITE.

Et pour tout dire, & ne vous celer rien,
Il se dit vostre Frere, & le traistre est le mien:
Madame, cette main a fait périr le vostre.

LE ROY.

Vous, Patisite, aussi?

PATISITE.

Moy plutost que tout autre.

HESIONE.

Ah! traistre.

PATISITE.

Ie le suis, & bourreau de mon Roy;
Mais l'estant pour mon Frere, il l'est autãt que moy.
Cõmandez qu'il me suiue, & vengez vous, Madame,
Nous sommes mesme sang.

LE ROY.

Ie suis ton Frere, infame:
Est-ce ainsi qu'on le preuue, en desirant ma mort?

HESIONE.

Mon Frere, sa fureur eclaircit vostre sort:
C'est, c'est vn criminel, sans espoir, sans refuge,
Qui mourant, auec luy veut entraisner son Iuge;
Mais ie vous vengeray.

PATISITE.

Quoy, l'on ne me croit pas?
Ah! malheur mille fois pire que le trépas.
Le coupable à la mort enuoyra son complice;
Assis dessus le Trône, il verra mon supplice,
O rage! ô desespoir!

HESIONE.

Qu'on l'oste de mes yeux.

LE ROY.

Ma Sœur, faites cesser ces bruits injurieux.

HESIONE.

Seigneur, ce digne éclat que vous venez de faire
Conuaincra tout l'Estat que vous estes mon Frere;
Et si mon Hymen sert à le desabuser,
Mon Frere m'est trop cher pour luy rien refuser.

Fin du quatrième Acte.

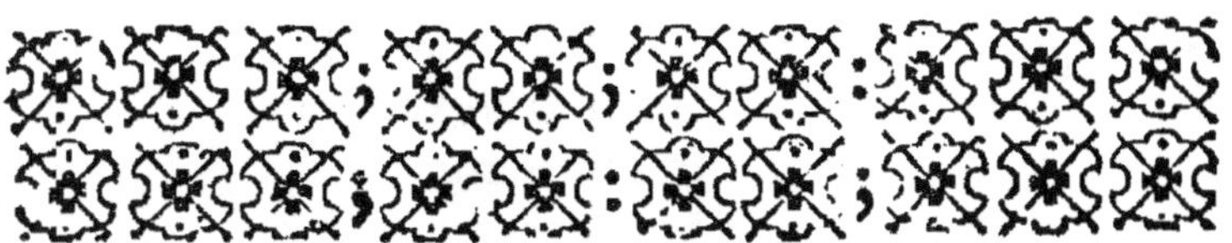

ACTE V.

SCENE PREMIERE.

LE ROY, PATISITE, VN GARDE.

LE GARDE.

On le gardoit, Seigneur, dans la Chambre prochaine.

LE ROY.

Il eſt trop criminel, pour diferer ſa peine.

LE GARDE.

Le voicy.

LE ROY.

Laiſſe-nous afin qu'en liberté
Il m'apprenne le but de ſa temerité.

PATISITE.

Quoy, perfide, en ce lieu? d'où te vient cette audace?
Viens-tu, pour me brauer, au fort de ma diſgrace,
Triompher de ma rage, & de mon deſeſpoir?

LE ROY.

Lâche, ie le pourrois, ſans bleſſer mon deuoir:
Apres ce que ta rage a fait pour me détruire,
La voyant en eſtat de ne pouuoir plus nuire,
Rire de ta foibleſſe eſt le moins que ie doy.

PATISITE.

Tout foible que ie suis, ie puis autant que toy:
Malgré ton imposture, & ton audace extrême,
Si ie t'ay des Persans donné le Diadéme,
Pour les desabuser encor auant ma mort,
Pour te faire perir, ie me sens assez fort.
Suse, Suse, apprendra, malgré ton impudence,
En quelles mains i'ay mis la supréme Puissance;
Et tu sçauras, ingrat, perissant auec moy,
Si c'est pour me liurer, que ie t'auois fait Roy.

LE ROY.

I'excuse ta fureur, & pardonne à ta crainte
Les transports outrageux de cette injuste plainte,
Et t'aime encor assez, pour te desabuser
De tout ce qui te sert à les authoriser:
Tu crois m'auoir fait Roy?

PATISITE.

Si ie le crois? Ah! traistre.

LE ROY.

Parle sans t'emporter.

PATISITE.

Toy sans te méconnaistre.

LE ROY.

Lâche, ie me connois, & te connois aussi;
De ton sort, & du mien, tu vas estre éclaircy.
Depuis le jour fatal que ie sortis de l'onde,
Loin des soins de la Cour, dans vne paix profonde,
Roy de mes passions, maistre de mes desirs,
Ie songeois à gouster de solides plaisirs,
Quand pour tes interests, ta criminelle audace,
D'vn Prince assassiné me vint offrir la place,
Et pour te conseruer quelque rang dans l'Estat,
Voulut m'enueloper dedans ton attentat,

Et me faire acheter la suprême Puissance,
En m'ostant le repos auecque l'innocence.
Mais quand tu me l'offris, ay-je sceu que ta main
Auoit tranché les jours de nostre Souuerain?
Tu me cachas ton crime, & le pouuoir suprême
Me fut donné dans Bactre en dépit de moy-même;
Ie le dois à l'erreur de ce Peuple mutin,
Ou plutost ie le dois au bizarre Destin,
Qui se voulant joüer de la Toute-Puissance,
Confond le vray Monarque auec sa ressemblance.

PATISITE.

Ie ne m'étonne plus, si fier d'vn si beau sort,
Tu veux, pour mieux regner, precipiter ma mort:
Ce que i'ay fait pour toy, quelque nõ qu'on luy dõne,
Sur ton ingrate teste a fait choir la Couronne;
Qui nous a donné tout, & nous peut tout oster,
Est vn fardeau bien rude, & penible à porter;
On croit sortir des fers, quand on peut s'en défaire.
La Princesse outragée a demandé ton Frere,
Et tu croyois, ingrat, me liurant à ses coups,
Ta lâche politique autant que son courroux:
Si cette occasion ne se fut presentée,
Ma perte estoit remise, & non pas éuitée.

LE ROY.

Cesse de mesurer mes sentimens aux tiens;
Ce sont tes procedez, lâche, voicy les miens.
Dans l'essay dangereux où m'a mis Hesione,
I'ay fait pour ton salut plus que pour ma Couronne.

PATISITE.

Me liurer à sa haine, est-ce me secourir?

LE ROY.

Oüy, quand te proteger estoit me découurir;
Quand sans la détromper, ie n'ay pû te defendre:
Mais le péril t'aueugle, & ie ne puis comprendre

Qu'apres auoir monstré tant d'adresse & de cœur,
En faisant pour vn Roy passer vn imposteur,
Qu'apres vn si grand coup, on t'ait veu dans la suite
Montrer tant de foiblesse, & si peu de conduite.
Par de feintes rigueurs ton courage s'abat:
T'auoir osé trahir, c'est mon grand coup d'Estat;
Ce qu'en me couronnant ton crime n'a pû faire,
Apprens que ie l'ay fait en trahissant mon Frere;
Mon sang abandonné, mon Frere mal-traitté,
D'vn voile plus épais couurent la verité:
I'ay vaincu la Nature, elle-mesme s'en louë;
Par cette trahison que mon cœur desauouë,
I'ay cessé, me montrant insensible pour toy,
D'estre Frere vn moment, pour estre toûjours Roy.
Crois-tu qu'en te liurant, vn Frere t'abandonne?
I'aurois sceu préuenir les fureurs d'Hesione;
Maintenant tout me force à prononcer ta mort:
Sous ce voile sanglant il faut cacher mon sort;
Ie ne puis m'opposer au coup qui te menace,
Et mon Pere luy seul peut demander ta grace.
Le voicy qui paroist.

SCENE II.

MEGABISE, LE ROY, PATISITE.

MEGABISE.

AH! mon Fils. Ah! mon Fils.
La Princesse est pour toy, tu n'as plus d'ennemis:
Ta generosité desarme sa colere;
Elle te croit le sien, quand tu liures ton Frere;
Elle te fait son Iuge, & son ressentiment
De son crime à toy seul laisse le chastiment.

LE ROY.

Ie crains que c'est icy l'épreuue dangereuse
D'vne Princesse adroite autant que genereuse:
En me liurant mon Frere, elle veut m'éprouuer;
Ses soupçons renaistront, si ie l'ose sauuer.

MEGABISE.

Qu'il périsse plutost, cet ingrat, ce perfide,
Qui dans l'emportement de sa rage timide,
En t'osant découurir, t'a presque assassiné.

PATISITE

Quoy, de mon Pere aussi ie suis abandonné?

MEGABISE.

Malgré tes lâchetez i'ay demandé ta vie;
Mais ie consens enfin qu'elle te soit rauie,
Si c'est par ton trépas qu'il le faut secourir.

PATISITE.

Moy qui le fais regner, me fera-t'il périr?

MEGABISE

Si tu te veux vanter de l'auoir fait Monarque,
Il faut par ton trépas m'en donner vne marque,
Te dédire en mourant: Il te deura ce rang,
Quand son Trône sera cimenté par ton sang;
Alors que rendant l'ame au milieu des suplices,
Faisant de sa grandeur tes plus cheres delices,
Tu diras, il est Roy; content auec raison,
D'asseurer en mourant le Sceptre à ta Maison.
Que ne m'est-il permis de prendre icy ta place,
Et de faire en mourant la gloire de ma race!
Que ie serois heureux, si mon sang répandu
Faisoit regner vn Fils que le Ciel m'a rendu!
Si tu ne goustes pas de si hautes maximes,
Purge au moins par ta mort ma race de tes crimes;
Et n'osant t'immoler pour soutenir son rang,
Cache dans le tombeau l'opprobre de mon sang.

Lâche, si ton trépas est vn coup necessaire,
Tu déurois épargner à ton malheureux Pere
Ce funeste entretien, où par vn triste effort
Il faut presser vn Fils à me donner sa mort.

PATISITE.

Des honneurs de la mort qu'vn autre s'ébloüisse:
Périsse tout mon sang, s'il faut que ie périsse.

MEGABISE.

Et tu t'étonneras apres ce sentiment,
Si tu reçois de nous le mesme traittement?

PATISITE.

I'imite ses fureurs, & m'ayant fait parestre
Qu'il n'agit plus en Frere, il faut cesser de l'estre:
Qu'il périsse, & qu'il perde vn rãg qu'il tiẽt de moy.

MEGABISE.

Perfide, ouure les yeux, & reconnois ton Roy.
Tout ton Frere a péry par ta fureur extréme,
Et tu vois en ce lieu Tonaxare luy-méme,
Non celuy qui dans Bactre est tombé sous ta main;
Mais vn que le hazard a fait ton Souuerain,
Dont le cœur égalant la haute destinée,
Embrasse sa fortune, & la tient enchaisnée
Auec tant de vigueur, qu'elle-mesme aujourd'huy
Ne sçauroit luy rauir ce qu'elle a fait pour luy.
Fut-elle mille fois encor plus inconstante,
Ie l'empescheray bien qu'elle ne se démente.
Prexaspe en ce moment publie en ma faueur
Qu'en luy le Prince regne, & non vn imposteur:
Si son rapport est foible, en public Hesione
L'épousant dés demain, asseure sa Couronne.

LE ROY.

Quoy, Prexaspe,....

MEGABISE.

Oüy, mon Fils, apres de longs efforts,
I'ay vaincu sa frayeur, & dompté ses remors,
Et l'engageant enfin à ce faux témoignage....

LE ROY *à Patisite.*

Que ne vous dois-je point? En faut-il dauantage?
Confesse maintenant....

PATISITE.

O succés fortuné!

LE ROY.

Et tu te vanteras de m'auoir couronné?

PATISITE.

I'ay commencé; le Sort acheue mon ouurage.

LE ROY.

Ce n'est toy, ny le Sort.

PATISITE.

Et qui donc?

LE ROY.

Mon courage,
Mon Pere, qui? Le Ciel, qui pour venger nos Roys,
D'vn Roy qui dans la Perse a transporté nos droits,
A couronné ma teste, & veut que la Medie
Possede encor vn coup l'Empire de l'Asie.

PATISITE.

La Couronne n'est pas pour ceux de nostre sang.

LE ROY.

La Couronne est pour ceux qui meritent ce rang;
Et ie croy que les Dieux la firent pour ma teste,
Quand ie voy qu'elle y tient malgré cette tempeste.

PATISITE.

Ce grand cœur jusqu'icy nous estoit inconnu.

LE ROY.

Et sans l'illustre rang où ie suis paruenu,

Il le seroit encor, bien que ce soit le méme
Qui me faisoit agir auant le Diadéme;
Mais les mesmes vertus ont plus, ou moins d'éclat,
Selon les diuers rangs qu'elles ont dans l'Estat;
Et dans vn lieu plus bas tel à peine on remarque,
Qui seroit vn Héros, s'il deuenoit Monarque.
Ie vois que i'estois né pour regner; que sçais-tu,
Toy qui crois que le sang sert tant à la vertu,
Si ce rapport n'a point, pour confondre ton crime,
Trompé les assassins du Prince legitime?
Peut-estre que ton Frere a péry par ta main;
Du moins tremble toûjours sur vn sort incertain;
Et puis qu'enfin Prexaspe, ou l'hymen d'Hesione,
Peuuent sans ton secours m'asseurer la Couronne,
Respecte en moy l'ouurage, & la faueur des Dieux.

MEGABISE.

O Pere fortuné d'vn Fils si glorieux!
Pardõnez-moy, grãs Dieux, si l'amour de mõ Maistre
Cede à l'amour d'vn Fils qui merite de l'estre.
à Pat. Toy, cesse de trẽbler aupres d'vn si grãd Roy.

LE ROY.

Seigneur, tout mon destin n'a besoin que de moy;
Ie ne crains de sa part ny rage, ny foiblesse;
Eleué sur vn Trône où i'attens ma Princesse....
Elle vient: Laissons-là; ie voy qu'elle reduit
Vn des plus dangereux dont la haine me nuit.

MEGABISE.

Moy, ie vay de Prexaspe appuyer le suffrage.

SCENE III.

ZOPIRE, HESIONE.

ZOPIRE.

DArie en a conceu tant de honte & de rage,
Qu'il n'ose en cet estat se montrer à vos yeux.

HESIONE.

Qu'il me cache à iamais ces transports furieux.
A ce qu'a fait mon Frere est-il si peu sensible?

ZOPIRE.

Qu'a-t'il fait qui d'vn Roy soit la marque infaillible?
S'exposer à la mort pour vous tirer d'erreur,
Sent le desesperé, le fourbe, l'imposteur;
Non le vray Roy, qui plein de juste confiance
En de pareils malheurs agit auec prudence,
Prend toute vne autre voye, ou laisse faire au temps.

HESIONE.

Tout est suspect, Zopire, aux esprits mécontens.
Par quelle plus hardie & forte experience
Pouuoit-il mieux montrer sa pleine confiance?
Il s'expose à mes coups, me presente son sein,
Et laisse à la Nature à retenir ma main:
Il y pouuoit périr, vne ame criminelle,
Pour s'offrir à la mort, a trop d'horreur pour elle.

ZOPIRE.

Quand par ce seul moyen il la peut éuiter,
C'est la craindre en effet que de s'y presenter:
Voyant dessous ses pas creuser des precipices,
Il veut par cette adresse échapper aux supplices,

Et par ce faux mépris qu'il a fait du trépas,
Surprendre vostre cœur, se sauuer dans vos bras,
Et s'y mettre à couuert de l'horrible tempeste
Qu'il voit de toutes parts éclater sur sa teste.
Si Darie en reçoit vn si doux traittement,
Le laissant sur sa foy dans son emportement,
Nous voyons son adresse, il craint, puisqu'il le flate.

HESIONE.

Puisqu'il pardõne, il craint: il faut dõc, ame ingrate,
Que pour cesser de craindre, en luy dõnant la mort,
Il monstre qu'il est né maistre de tout son sort:
A ces marques en luy, connoistra-t'il mon Frere?

ZOPIRE.

Donnant à son amour ce qu'il a voulu faire,
Le Prince eut pardonné, mais non si promptement,
Forçant, pour nous tromper, tout son ressentiment,
Il contrefait le Roy, mais plus il semble l'estre,
Plus son déguisement le doit faire connaistre.

HESIONE.

Me liurer Patisite, est-ce se déguiser?

ZOPIRE.

Il n'est pas en estat de vous rien refuser.

HESIONE.

Ie ne croiray iamais qu'il ait liuré son Frere.

ZOPIRE.

L'imposteur regneroit par le sang de son Pere,
Par le mien, par le vostre, & de tout cet Estat,
S'il esperoit par là couurir son attentat.

HESIONE.

Enfin ie le voy bien, on a sceu vous seduire;
Darie, & vostre amour, ont sur vous tant d'empire,
Qu'au lieu de condamner son aueugle fureur,
Vous suiuez son party, pour obtenir sa Sœur.

Mais que pretend Darie? ose-t'il entreprendre
Sur vn Roy qui m'est cher, & que ie veux defendre?
Qu'il sçache, & vous aussi, malgré luy, malgré vous,
Que pour sauuer mon Roy, i'en feray mon Espoux.

ZOPIRE.

Vostre Espoux?

HESIONE.

I'ose tout pour defendre sa vie.

ZOPIRE.

Helas! que deuiendra l'infortuné Darie?

HESIONE.

Dois-je aimer vn ingrat qui veut perdre son Roy,
Et qui trahit mon Frere, est-il digne de moy?
Dites-luy de ma part, ou qu'il sauue mon Frere,
Ou qu'il souffre vn hymen que ie croy necessaire;
Quelque horreur que le sang me dōne pour ce choix,
Tout deuient glorieux pour le salut des Roys.

ZOPIRE.

Dites, dites plutost, que sous ce zele extréme
Vous tâchez de cacher la soif du Diadéme:
Mais nous ferons périr, pour sauuer vostre honneur,
L'indigne ambition qui flate vostre cœur.

SCENE IV.

ZOPIRE, DARIE, HESIONE, CLEONE.

DARIE *en trauersant le Theatre.*

A Moy, Zopire.

ZOPIRE.

Allons.

HESIONE.

O Dieux! qu'allez vous faire?

CLEONE.

Ne les empeschez pas de venger vostre Frere.

HESIONE.

Mon Frere! que me dit cet air triste & confus?
Que fait mon Frere?

CLEONE.

Helas! vostre Frere n'est plus.

HESIONE.

Quoy, mon Frere n'est plus? ô honte! ô perfidie!
Voila ce que i'ay craint des fureurs de Darie.

CLEONE.

Ah! Madame, écoutez: Darie a trop de cœur,
Et fut toûjours des Roys l'illustre defenseur.

HESIONE.

Explique-toy.

CLEONE.

Suiuant vn gros de populace,
I'ay pour vous obeïr couru jusqu'à la place,
Où Prexaspe déja paroissant sur la tour,
Demandoit audience au Peuple d'alentour.
Persans (s'écria-t'il d'vne voix effroyable)
Le sang du grand Cyrus, cette race adorable,
Perit sans successeur: Patisite auec moy,
Pour couronner son Frere, a fait périr son Roy.
I'ay caché jusqu'icy cet attentat horrible,
Mais ie ne puis forcer vn remors inuincible;
Megabise adorant vn Fils, quoy qu'imposteur,
M'obligeoit de tromper la Perse en sa faueur;
Il auoit corrompu mon suffrage & mon zele;
Mais à luy, comme à moy, mon remors infidelle
Me force d'auoüer mon crime aux yeux de tous:
Vangez vostre Monarque, allez, qu'attendez-vous?

Il se taist; & voyant cette troupe flotante
Par l'agitation d'vne foy chancelante:
Doutez (dit-il) doutez d'vn traistre comme moy,
Mais enfin par ma mort asseurez vostre foy:
Voicy de vostre Roy la premiere vengeance.
A ces mots, furieux de la Tour il s'élance:
On en jette aussi-tost d'epouuantables cris;
Il tombe sur sa teste, & son sanglant debris
Eclate loin du corps, & le laisse sans vie.

HESIONE.

Ha! mon cher Frere, helas! Ah! Zopire, ah! Darie,
Pardon, si i'ay voulu dans mon aueuglement
Contre vn traistre arrester vostre ressentiment:
Ie vay vous seconder. Et toy dans ces alarmes,
Cher Frere, épargne-moy les plaintes & les larmes;
Prens du sang pour du sang, il te vengera mieux,
Paye-toy par ma main, plutost que par mes yeux.
De ces derniers momens que l'imposteur respire,
I'en dois compte à Cyrus, à sa gloire, à l'Empire,
A tant de vœux trahis, à tant de maux soufferts,
A Zopire, à Darie, aux Dieux, à l'Vniuers.

SCENE V.

ARAMINTE, HESIONE, CLEONE.

ARAMINTE.

MAdame, où courez-vous?

HESIONE.

Ie cours à la vengeance;
Mon Frere est mort, Prexaspe a rompu le silence:

Son rapport en public a finy nostre erreur.

ARAMINTE.

Ah! non, non, gardez-vous de croire vn imposteur;
Prexaspe s'est puny d'vn rapport temeraire,
Il est mort du remors de trahir vostre Frere,
Et d'auoir lâchement parlé contre son Roy:
Darie, & ses amis, ont corrompu sa foy.
I'ay veu tantost mon Frere auec tant de furie,
Solliciter Prexaspe, & menacer sa vie,
Qu'il vient d'en obtenir ce lâche & faux rapport,
Dont luy-mesme aussi-tost s'est puny par sa mort.

HESIONE.

Helas! il m'en souuient, troublé de sa disgrace,
Vostre Frere tantost m'en a fait la menace.
Prexaspe (m'a-t'il dit) Prexaspe est tout pour nous,
Preuenons promptement son desespoir jaloux.

SCENE VI.

ZOPIRE, ARAMINTE, HESIONE, CLEONE.

ZOPIRE.

Madame, c'en est fait.

HESIONE.

Quoy?

ZOPIRE.

Mon trouble est extréme.
Que vous diray-je? vn fourbe, ou le Prince lui-méme,
Oropaste, ou le Roy, vient d'estre assassiné,

HESIONE.

Traistres, qu'auez-vous fait?

ARAMINTE.

Ah ! Prince infortuné,

ZOPIRE.

Le rapport de Prexaspe authorise ce crime,
Et sa mort en public rend ce coup legitime.

HESIONE.

Quoy qu'il en soit enfin, mon Frere ne vit plus.

ZOPIRE.

Ie ne sçay que vous dire en vn sort si confus:
Et ce qui sur ce poinct m'étonne dauantage,
C'est qu'vn fourbe soit mort auec tant de courage:
Mais pour en mieux juger, apprenez son malheur.
Le Roy voyant cesser vne fatale erreur,
Et croyant que Prexaspe au milieu de la place
Détruisoit de faux bruits qui causoient sa disgrace,
Il goustoit en repos la gloire de son sort,
Quand il nous voit entrer, & par vn prompt effort
Fondre dedans sa Chambre auec tant de furie,
Qu'il juge en mesme temps qu'on en veut à sa vie.
Le Roy, sans se troubler, soutiêt nos premiers coups,
Et d'vn air animé d'orgueil & de courroux,
Comme il se voit surpris auec peu de defense,
Menace, & fait voloir la supréme Puissance.
Nous crians aussi-tost, perisse l'imposteur,
Ses Gardes ont d'abord senty nostre fureur,
Et nos seconds efforts font périr Patisite.
Le Roy frémit du coup, son courage s'irrite,
Il ramasse sa force, & toute la fierté
Qu'oppose aux grands périls l'auguste Majesté:
On voit ses yeux briller d'vne noble furie,
Qui fait presque trembler l'intrépide Darie,
Seul il se mesle, il frape, il attaque, il poursuit.
Le vaillant Megabise accourt à ce grand bruit;

Plein d'vn zele sanglant il n'épargne personne,
Et comme à tant d'ardeur son zele s'abandonne,
Il donne à mesme temps, & reçoit mille coups,
En s'écriant par tout, traistres, que faites-vous?
Vous tuez vostre Roy, malheureux parricides.
Cette voix nous étonne, & nous rend plus timides;
Luy qui voit en tombant les effets de sa foy,
Meurt auec quelque espoir d'auoir sauué son Roy.
Cependant sur le Roy ie voy fondre Darie;
Le Roy nous fait trembler, en defendant sa vie:
Mais son courage enfin par le nombre accablé,
Soutient tout son malheur sans en estre troublé.
Il semble.. Mais voicy qui vous dira le reste.

SCENE VII.

HESIONE, ARAMINTE, DARIE, ZOPIRE, CLEONE.

HESIONE.

VIens vanter les effets de ta rage funeste,
Ton lâche étonnement nous dit ta trahison.

DARIE.

Non, non, d'vn imposteur ie vous ay fait raison.

HESIONE

Ton trouble & ta douleur nous le fōt bienparaistre.

DARIE.

Helas; n'en doutez point.

HESIONE.

Qui te l'a fait connaistre,
Cruel? est-ce Prexaspe, apres qu'il t'a fait voir
L'effet de son remors par vn prompt desespoir?

D'vn mensonge arraché par ta jalouse rage,
Ton amour a-t'il crû tirer quelque auantage?
Viens-tu me demander mon amour & ma foy,
Tout soüillé, tout sanglant du meurtre de ton Roy?

DARIE.

Il a parlé, Madame, & malgré ma furie
I'ay voulu luy laisser quelque reste de vie,
Pour pouuoir par luy mesme estre instruit de sō sort;
Il m'en a fait enfin vn sincere rapport,
L'imposteur est connu, mais sa triste auanture
Fait cesser dans mon cœur l'horreur de l'imposture.
Princesse, pour finir vn sort si glorieux,
Il veut auant mourir, l'exposer à vos yeux;
On l'ameine.

SCENE DERNIERE.

HESIONE, ARAMINTE, DARIE, ZOPIRE, LE ROY, CELONE.

HEZIONE.

Et ie vois helas! que c'est mon Frere.

ARAMINTE.

Ah! Seigneur.

LE ROY.

De ces noms la gloire m'est bien chere;
Mais ils honorent trop vn fourbe, vn imposteur.
Changez cette pitié, cette amour, en fureur,
Vostre Frere n'est plus, & i'occupois sa place.

HESIONE.

Que dis-tu, malheureux?

ARAMINTE.

Ah! fatale disgrace.

LE ROY.

Mon Frere ayant pery d'vn coup precipité,
Malgre luy dans sa mort, cachoit la verité,
Et mon Pere luy-mesme estoit vn infidelle;
L'interest de son sang l'emportoit sur son zele;
Il vouloit vous tromper mesme en perdant le jour:
Mais ie n'ay pû tromper l'objet de mon amour.
Semblable au vray Monarque, & ce raport extréme
M'ayant fait Roy dãs Bactre en dépit de moi-méme;
Estant Mede, & pouuant, pour reprendre nos droicts,
Dérober aux Persans le Sceptre de nos Roys,
Innocent du trépas d'vn Prince legitime,
Le Sort, & ma vertu, m'ont fait regner sans crime,
Et par vn titre encor & plus juste, & plus doux,
I'ay regné pour me rendre vn peu digne de vous.
Adieu, Madame, adieu, ie sens que ma foiblesse
Me va faire expirer aux yeux de ma Princesse;
Emporte-moy, de grace, épargne à ces beaux yeux
De ce sanglant trépas le spectacle odieux.

HESIONE.

Tout imposteur qu'il est, i'en ay l'ame attendrie.

DARIE.

Hé bien, Princesse....

HESIONE.

Enfin sa mort vous justifie.

ZOPIRE.

Madame,...

ARAMINTE.

Ie rougis de mon aueuglement,

DARIE *à Hesione.*

Vostre Frere est vengé.

ZOPIRE à *Araminte.*

I'ay vengé vostre Amant,

ARAMINTE.

Par ma douleur jugez de ma reconnoissance.

HESIONE.

Ma main sera le prix d'vne illustre vengeance:
Mais auant que payer sa flame, & vostre foy,
Allons calmer le Peuple, & luy choisir vn Roy.

FIN.

www.ingramcontent.com/pod-product-compliance
Lightning Source LLC
Chambersburg PA
CBHW060640100426
42744CB00008B/1708

* 9 7 8 2 0 1 2 1 9 9 6 7 5 *